KB237572

내 생각 내가 지킨다

하쿠나 마타타(스와힐리어 : Hakuna matata)
(1) 동부 아프리카에서 사용하는 원어로, 직역하면 '걱정거리가 없다'는 뜻.
(2) 한국어로 번역하면 '근심, 걱정 등을 모두 떨쳐 버린다'는 뜻.

※ 본서의 제목은 놀뫼 최절로 선생님께서 친서해 주셨습니다. 감사드립니다.

하쿠나 마타타 시리즈 1 생각의 하쿠나 마타타

내 생각 내가 지킨다

How to protect my mind from sinful thoughts

최정길, 최평강 글
(Jeong-Gil Choi, Peace G. Choi)

포도나무

빛도 없이 이름도 없이 오지에서 복음을 전하는

전세계의 모든 선교사님들에게 이 부족한 책을 바칩니다.

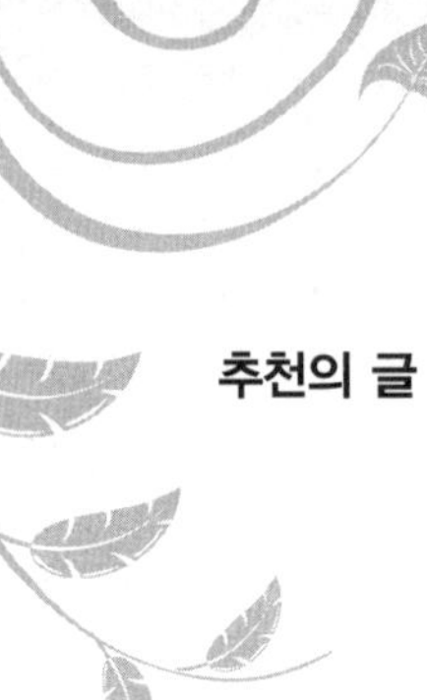

추천의 글

이 책을 탐독하면서 저자가 평소에 묵상하고 삶 속에서 실천해 왔던 깊은 지혜와 영성이 그대로 묻어나는 내용을 만날 수 있었습니다. 요사이 유비쿼터스 시대를 살아가면서 초고속 삶의 유형에 길들여져 생각할 겨를을 상실한 N세대들이 하나님의 거룩한 뜻과 자신의 삶을 성찰하면서 하나님을 향한 자신의 생각을 지켜 가는 데 탁월한 지침이 될 절대적으로 필요한 책이라고 확신합니다. 이 책을 통해서 부디 많은 이들이 혼탁한 세상 속에서도 바르게 생각을 지키며 승리하는 삶을 살기를 기대하면서 이 책을 필독서로서 추천합니다.

양문봉 박사, 밀알연구소 소장, 밀알학교장, Seattle Theological Seminary 교무처장

이 책은 무엇을 어떻게 생각하면서 살아가야 할지를 모르는 21세기 현대인들이 꼭 읽어 보아야 하는 책입니다. 이 책을 읽는 동안 진정한 삶의 의미를 찾기 위해 끊임없는 묵상 속에서 몸부림치던 독일의 토마스 아 켐피스가 떠올랐습니다. 이 책에서 언급한 '드는 생각'과 '하는 생각'은 나 자신을 돌아보기에 충분한 명제가 되었습니다. 이 책을 거의 다 읽었을 즈음, 나는 커다란 희열을 느꼈으며 내 생각

을 무엇으로 가득 채워야 할 것인가를 깨닫게 되었습니다. 이 책이 생각을 중단하고 싶은 삶을 사는 이에게는 생각을 통한 활력소가, 생각 속에 괴로워하는 이에게는 치유의 능력이, 그리고 삶을 위해 몸부림치는 이에게는 생명의 생각이 되리라 확신합니다.

박진호 목사, 아프리카 나미비아 선교사

저자는 이 책에서 생각에 관한 기본적이고 실제적인 내용을 함축적인 의미로 잘 설명하였습니다. 인생을 살다 보면 수많은 생각들이 오고가는데, 때로는 원치 않는 생각들로 인해 괴로울 때가 한두 번이 아니라는 것은 누구나 공감하는 일입니다. 그럼에도 생각을 지으신 하나님의 말씀과 보혜사 성령님의 도우심으로 악한 생각의 역사를 물리칠 수 있다는 것이 이 책의 주요 핵심 중 하나입니다. 이 책을 통하여 이 세상이 하나님의 말씀으로 치료되고 새 생명의 역사가 일어나기를 기도합니다. 또한 이 책이 많은 분들에게 읽혀 모든 고통과 번민으로부터 해방되고 진정한 승리의 역사가 있기를 소망합니다.

이상기 목사, 인도 선교사

저자는 생각이라는 주제를 성경적인 관점에서 쉽게 설명하는 가운데 신학적인 설명을 하기보다는 하나님과 개인적인 교제를 하면서 알게 된 진리를 나누고 있습니다. 저자는 이 주제에 대해서 오랜 기간 깊이 묵상하여 우리가 원하든지 원하지 않든지 사단과 영적 전쟁에 임하고 있음을 경고합니다. 또한 '하는 생각'과 '드는 생각'으로 구분하여 각각에 대해 대처 방법을 잘 설명하고 있습니다. 결론적으로는 우리의 생각을 우리 스스로 지켜야 함을 강조하고 있습니다. 성경은 우리가 성령님을 의지할 때 영적 전쟁에서 승리하고 우리 몸을 온전히 보전할 수 있음을 약속하고 있습니다. 아무쪼록 이 책을 읽는 모든 독자들이 사단이 주는 생각에 속지 아니하고 자신의 생각을 지켜서 하나님의 사람으로 온전히 살게 되기를 소망합니다.

김용달 목사, 가나 선교사

들어가는 글

　오늘날 수많은 사람들이 돈과 재물, 명예, 권력, 탐욕 등에 알게 모르게 영향을 받고 있습니다. 자세히 살펴보면 이것들의 이면에는 '생각'이라는 사단의 영이 강력하게 역사하고 있다는 것을 알 수 있지요. 이것은 옛적 하와에게 역사하였으며 가룟 유다에게도 역사한 악한 생각입니다. 상담가이신 아놀드 목사님에 의하면 생각으로 인한 고통이 날로 증가하고 있어서 많은 사람들의 삶을 송두리째 빼앗고 있다고 합니다. 존 오웬 목사님은 사람들의 마음속에 강력한 물줄기가 되어 흐르는 악한 생각을 막을 담이나 댐이 거의 없다고 하였습니다.

　어떻게 하면 이러한 생각의 고통으로부터 자유를 얻을 수 있을까? 저는 이 문제로 한동안 고민하고 묵상하다가 글을 쓰게 되었습니다. 이때가 거의 4년 전이었습니다. 그런데 이상하게도 그 당시에 하나님께서는 이 글들을 출판하지 못하게 막으셨지요. 그러다가 최근에 다시 하나님께서 문을 열어 주셔서 출판하게 되었습니다. 이것이 하쿠나 마타타 시리즈의 첫 번째 책으로서 '내 생각 내가 지킨다'입니다. 저는 생각으로부터 자유를 얻기 위한 단편적이고 기술적인 방법을 언급한 것이 아니라, 생각의 원초적인 뿌리를 파악함으로써 지속적인 해방을 어떻게 획득할 수 있는지에 대하여 서술하였지요.

이 세상에는 세 종류의 생각이 있습니다. 하나님의 생각(영의 생각), 나의 생각, 사단의 생각(악한 생각, 육의 생각). 사단이 매일 나의 생각을 빼앗아 자기 생각을 행하도록 강요할 때 내가 하나님의 도우심으로 내 생각을 지킨다는 것이 이 책의 결론이지요. 이러한 생각전쟁에 대한 성경적 지식을 창세기부터 시작하여 심도 있게 그러나 쉽게 이해되도록 전개하였습니다. 아무쪼록 이 책을 통하여 날마다 한두 개씩 묵상함으로써 참된 생각의 자유를 누리시고 고통 중에 있는 형제들을 위하여 기도를 해 줌으로써 우리 주 예수 그리스도께 영광을 돌리시기 바라는 마음입니다.

"그 바라는 것은 피조물도 썩어짐의 종노릇 한 데서 해방되어 하나님의 자녀들의 영광의 자유에 이르는 것이니라"(롬 8:21).

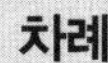 차례

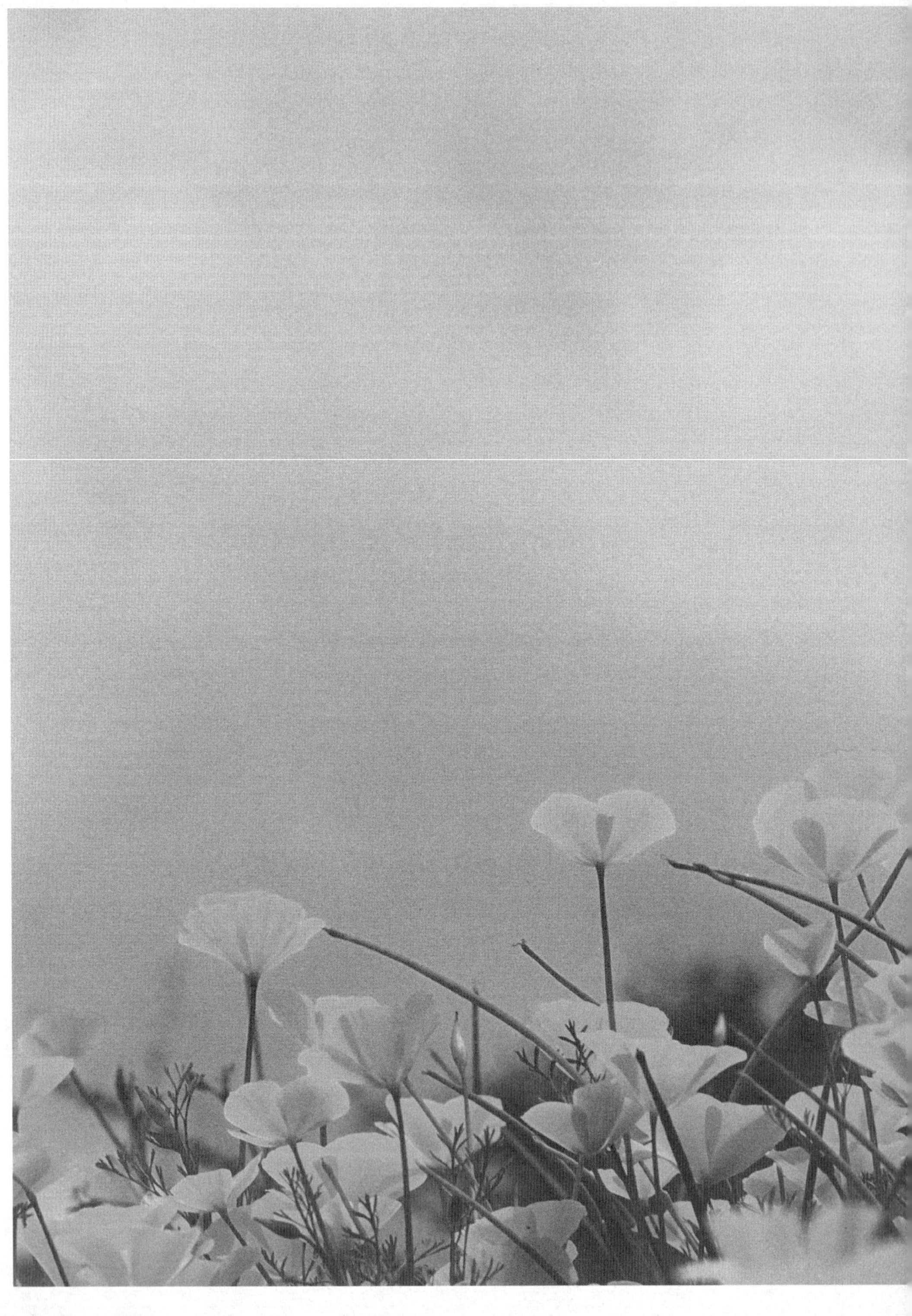

하나님은 왜 생각을
만드셨을까

이 책의 부제인 '생각의 하쿠나 마타타'는 생각으로 인한 모든 고통, 번민, 유혹 등을 이겨 내야 한다는 뜻입니다. 생각의 부정적인 부분들을 이겨 낸다는 것이 생각만큼 그리 만만치만은 않지요. 그럼에도 하나님의 말씀을 통하여 이겨 낼 수 있고, 나머지 삶을 평강으로 이끌어 줄 수 있다는 것을 이 책은 말해 줄 것입니다.

누구라도 이 책을 다 읽으시면 이 지구상에 존재하는 모든 생각에 대한 기본적인 지식과 괴로운 생각의 고통으로부터 참자유를 지속적으로 얻을 수 있는 길을 발견하게 될 것입니다.

물론 생각의 자유를 얻기 위한 다른 많은 방법들이 있을 수 있겠지만 그것들은 일시적인 자유가 아닐까 하는 생각이 드는군요. 왜냐면 이 지구와 사람과 생각을 만드신 분이 바로 하나님이시기 때문이지요.

솔직히 '생각'에 관한 지식은 엄청난 진리입니다. 어느 누구도 생각을 쉽게 버릴 수 있다거나 컨트롤하거나 이겨 낼 수 없기 때문이지요. 따라서 이 진리를 쉽게 풀어쓴다는 것은 하나의 진통이라 할 수 있겠지요.

'과연 이러한 진리를 펼쳐 낼 수 있을까?' 의심하고 정말 두려운 가운데 하나님을 의지하면서 글을 쓰기 시작했지요. 언제 어떻게 끝이 맺어질지도 모릅니다. 매 순간 성령님께서 인도하시리라 믿으면서 기도로 시작했습니다.

사람이 살다 보면 어떤 생각에 사로잡혀 시달릴 때가 있지요. 그 생각에서 벗어나려고 아무리 발버둥쳐도 도저히 빠져나올 수가 없습니다. 더군다나 이런 생각이 부정적이라면 더욱 괴롭게 되지요. 어떻게 할까?

이 문제를 해결하기 위하여 여러 종류의 책들이 처방전을 내놓기도 하고, 많은 심리학자들도 조언을 서슴지 않지요. 허나 여전히 이런 문제로 고통당하는 사람들이 있는 것을 보면 아직 이렇다 할 해결책이 나오지 않은 것 같군요. 그렇다면 이젠 뭔가 근본적인 처방이 필요하지 않을까요?

서양 격언에 다음과 같은 것이 있지요. "생각은 행동을 낳고, 행동은 습관을, 습관은 성격을, 성격은 운명을 낳는다." 이만큼 생각은 자신의 운명을 결정짓는 중요한 요소가 아닌가요?

모든 사람이 하루 종일 생각을 하면서 살아갑니다. 종일토록 일은 안 할지라도 생각은 하고 있어요. 오늘 하루 나의 삶은 내 생각에 의해 만들어지지요. 어떤 생각이 어떤 사람을 만듭니다.

2011년 1월의 어느 날, 지방에 다녀오는 중에 고속도로 휴게소에 잠시 들렀는데 '생각'에 관한 책이 눈에 들어왔어요. 저자는 일본 사람이고 그 책은 현재 일본과 우리나라에서 베스트셀러로 알려져 있지요. 작가는 '생각'을 어떻게 버리는가에 대한 실용적인 테크닉이나 요령을 서술하는 것 같더군요. 생각이 2차원적인 기관임에도 제시된 해결책은 똑같이 2차원의 기술적인 것들이었지요.

이 세상 그 누가 생각을 마음대로 조절하고, 또 원하는 대로 지우기도 하고 버리기도 할 수 있을까요? 우리가 생각이라는 기관을 자유자재로 통제한다는 것은 거의 불가능한 일이지요. 왜냐하면 때로는 생각이 3차원 세계에 있는 그 누군가에 의해 조종당하고 있기 때문입니다. 3차원에 있는 누군가의 지배를 물리침으로써 내 생각을 지키려면 2차원적 방법이 아닌 4차원에 계시는 하나님을 통해서만이 가능하지요. 핸드폰이 고장 나면 핸드폰을 만든 사람에게 물어보아야 하는 것처럼, 생각이 고장 나면 생각을 만드신 하나님께 여쭤보는 것이 당연하지 않을까요?

하나님을 모르는 어떤 사람이 생각으로 인한 고통 때문에 이 책을 읽고서는 온통 하나님과 성경 이야기만 늘어놓았다고 불만을 토로할 수도 있겠지요.

허나 어쩔 수 있나요.

생각을 만드신 분이 하나님이기 때문에 저도 어쩔 수가 없지요. 그래도 한번 읽어 보심이 어떠신지요. 혹시 이것 때문에 당신이 구원받아 영원한 천국에 가고, 사는 동안 생각으로부터 완전한 자유를 누리실지 모르기 때문이지요. 만약 그렇다면 이거야말로 일석이조가 아닌가요.

작년에 미국에서 공부하고 귀국한 학생이 길거리에서 지나가는 사람을 무차별적으로 죽인 사건이 발생했지요. 그는 귀국 후 거의 6개월간 컴퓨터 게임에 빠졌다고 합니다. 어느 누구도 원인에 대해서는 함구하고 있어서 또 유사한 일이 반복되지 않을까 걱정이 되는군요. 원인을 밝혀야 예방할 수 있겠지요. 결국 이것은 컴퓨터 게임을 통한 생각의 탈취 문제로 보아야 할 것입니다(마 13:19, 빌 4:7).

생각의 탈취란, 사단이 내 생각을 빼앗아 간다는 말입니다(막 4:15). 즉, 사단이 내가 생각했던 것을 하지 못하게 하고 대신 자신의 생각을 행하도록 강요하는 것을 의미하지요.

이 학생의 경우 컴퓨터 게임을 계속하는 동안 생각의 많은 부분이 사단에게 점유되었고, 결국은 사단이 이끄는 대로 할 수밖에 없는 상태에 이르렀지요(고전 12:2). 따라서 이 문제는 생각을 지키고 빼앗는 영적인 싸움의 문제로 해석해야 합니다(엡 6:12).

생각의 탈취를 이해하기 전에 먼저 생각에 대한 기본적인 지식을 알아야 하지 않을까요? 왜냐고요? 그래야 문제를 풀 수 있기 때문이지요.

생각의 기원과 기능들에 관한 보다 정확한 이해는 생각을 창조하신 하나님을 통해서 얻을 수 있습니다. "여호와 하나님이 흙(몸)으로 사람을 지으시고 생기(영)를 그 코에 불어넣으시니 사람이 생령(혼)이 된지라"(창 2:7). 여기에서 '생령'은 원어로는 '네페쉬 하야'이고, 영어로는 'a living soul'로서 살아 있는 혼을 뜻하지요. 혼은 생각·정서·의지로 표현되는데, 이 중에서 생각이 70% 이상 많은 부분을 차지하는 매우 중요한 기관이지요.

인간은 생각을 통해 사물을 인지하고 느끼고 깨닫게 되지요. 인간의 지식, 총명, 지혜, 지성 등은 모두 생각에 속한 부분입니다. 생각은 심리학적인 용어이고 뇌는 생리학적인 용어로 이해되지요.

그렇다면 왜 하나님께서는 생각이라는 기관을 우리 사람에게 주셨을까요. 그것은 생각을 통하여 영이신 하나님을 이해하게 하고, 몸이 하나님의 말씀에 순종하면서 살게 하기 위함이었습니다(마 4:4, 13:23).

4세기 라틴 교부였던 어거스틴은 타락 전의 인간을 죄를 지을 수 있는 인간(뽀세 빼카레)으로 생각하였습니다. 죄를 짓는다는 말은 사단의 생각에 동조한다는 말이고, 이는 생각의 탈취를 의미하지요. 옛적 사단은 하와에게 독을 주입시켜 생각을 빼앗았지요(창 3:1~6).

이는 사단이 모든 사람들의 생각도 쉽게 갈취할 수 있는 권한을 얻기 시작했다는 의미입니다. 하나님과의 대화통로로만 사용해야 할 생각을 사단이 훔치면서 생각의 원래 기능이 변질되기 시작했지요. 최초의 인간의 타락은 곧 생각의 빼앗김에서 시작되었습니다.

오늘날의 가장 큰 문제는 사단이 너무나 쉽게, 마치 제집 드나들듯이 우리의 생각에 드나든다는 것입니다. 이를 막을 수는 없을까요. 너무 늦은 것은 아닐까요. 만약 이것이 가능하다면 많은 문제들이 쉽게 해결될 수 있을 것입니다.

왜 사단이 하와의 생각을 빼앗으려고 했을까요. 하나님의 뭇별 위에 보좌를 높이려고 했던 사단은 결국 하늘에서 쫓겨나 공중에 거처를 잡았지요(사 14:12~14, 계 12:7~9). 그는 먼저 사람과 땅을 빼앗고자 했으며 그 뒤 하나님께 대항하려고 했습니다(시 74:10, 18, 22). 모든 계획의 성취 여부는 생각의 탈취 여부에 달려 있었지요.

사단이 세상에 들어와서 제일 먼저 한 일은 사람의 생각을 탈취하는 일이었습니다. 결국 하와의 생각을 탈취한 사단은 세상 임금으로서 공중의 권세를 획득했어요(요 14:30, 엡 2:2). 이제 사단은 사람들과 세상을 이용하여 하나님께 대적할 수 있게 되었지요(롬 8:7, 갈 5:17). 이 모든 것은 사람들의 생각을 장악했기 때문에 가능한 일이었습니다.

정말 대단한 계략이 아닙니까. 생각만 빼앗으면 이 모든 것을 빼앗을 수 있다는 생각 말입니다.

혹자는 아니 웬 신화 같은 이야기냐고 반문할 수도 있겠지요. 하나님이니 사단이니 뭇별 위의 보좌니 공중 권세니 말입니다. 맞습니다. 이거야말로 신화지요. 지어낸 가상신화가 아니라 사실적인 신들의 이야기입니다(고후 4:4). 모든 가상신화는 실제 존재하시는 하나님의 이야기를 사단이 변형시킨 것이 아니던가요? 마치 가짜가 많은 이유는 진짜가 존재하기 때문인 것처럼 말이지요.

하와로부터 생각을 탈취한 사단은 오늘날도 똑같은 수법을 사용하여 사람들의 생각을 빼앗고 있지요. 결국 모든 사람들에게 이것은 뺏고 뺏기는 생각의 전쟁으로 표현되지요.

만약 내가 생각으로 고통당하고 있다면 이는 그 누군가가 나를 생각으로 괴롭히고 있다는 이야기이지요. 그 누군가가 바로 사단이라는 것을 생각해 보신 적이 있는지요?

결국 우리들에게 일어나는 영적 전쟁이란 다름 아닌 생각의 전쟁입니다.

악한 생각이 언제든지 우리의 생각에 쉽게 드나드는 것을 막을 수는 없지요. 허나 그것의 공격을 사전에 막을 수는 있습니다. 이는 마치 어떤 사람이 슈퍼마켓에 자유롭게 드나드는 것을 막을 수는 없지만, 물건을 훔치는 것은 사전에 막을 수 있는 것과 같습니다.

참 희한한 일 아닌가요. 아담과 하와는 실과를 따먹은 뒤에야 눈이 밝아졌고(창 3:7), 가룟 유다는 주님을 판 뒤에야 눈이 밝아져 뉘우치게 되었으니 말입니다(마 27:5). 죄를 짓고 난 후 이들의 눈이 밝아진 이유는 생각을 이용한 사단의 미혹에 대해 깨달았기 때문 아닐까요.

15세기 주교인 막시무스는 생각의 전쟁에 대해 다음과 같이 언급하였습니다.

"행위보다 마음으로 죄를 짓기가 더 쉽다. 그만큼 어떤 대상에 맞서서 싸우는 것보다 마음속의 연상과 싸우는 것이 훨씬 더 어렵다."

이처럼 어느 누구도 이러한 생각의 전쟁을 피할 수는 없겠지요. 다만 같은 전쟁이라도 신자는 전쟁의 내용이 뭔지, 또 전쟁의 결과가 어떻게 될지를 미리 알면서 싸운다는 것이 다르지요.

참된 하나님의 일꾼이 되려면 생각에 관한 지식이 필수이지요. 많은 하나님의 일꾼들이 잘하다가 막판에 넘어지는 이유는 뭘까요? 생각 지식이 부족하기 때문입니다. 예수님을 세 번이나 부인한 베드로의 마지막 말이 무엇인지 아시나요? 그를 아는 지식에서 자라 가라는 것이지요(벧후 3:18). 곧 생각의 지식에서 말입니다. 그래야 사단이 생각으로 생각을 공격한다는 것을 깨달을 수 있으니까요.

우리는 하루에 수없이 많은 생각을 하면서 삽니다. 그 중에서 어떤 생각은 쉽게 떨쳐지지만 어떤 생각은 내쫓기가 매우 힘들지요. 이런 생각은 매일 나와 함께 있는 것 같아서 마치 또 다른 내가 살고 있는 것 같지요.

사람들이 큰 죄를 짓고도, 자기가 무슨 일을 했는지 잘 모르고 내 안의 누가 시킨 대로 했을 뿐이라고 말하는 이유가 바로 이 때문입니다.

큰 집에는 금과 은으로 된 그릇이 있으며, 나무와 질그릇도 있습니다. 그 중에서 어떤 것은 귀히 쓰이고 어떤 것은 천히 쓰이기도 합니다(딤후 2:20).

생각에 관한 어떤 글은 귀히 읽히며 어떤 내용은 그냥 스쳐 지나가겠지요. 어느 하나라도 건질 수만 있다면야 더할 나위 없겠지요.

19세기 오스트리아의 정신분석학자인 지그문트 프로이트는 악한 생각에 저항하지 말고 그 생각이 이끄는 대로 행동하면서 긴장을 풀라고 하였지요. 허나 그가 치료한 환자들은 완치 여부가 불확실한 경우가 많았다고 합니다.

이렇듯 악한 생각에 순종한다면 점차적으로 사단의 궤계에 빠지게 되고 결국은 파멸에 이르게 되는 것이 아닙니까. 마귀는 대적해야 하는 존재이지, 잠시라도 순종할 대상은 아니기 때문입니다(약 4:7).

오늘날에는 사과나무에서 사과를 얻는 것이 당연하듯이 죄인이 죄짓는 것을 당연시합니다. 그렇다면 원죄가 없었던 옛날 하와는 처음에 어떻게 죄의 열매를 맺게 되었을까요? 사단에게 생각을 빼앗겼기 때문입니다.

제가 개인적으로 존경하는 어떤 작가님의 글에 다음과 같은 말이 있지요. "하나님, 세상에는 한 대 걷어차 주고 싶은 놈들이 더 잘 사는 경우가 많습니다. 작전 좀 바꾸시면 안 될까요." 이 작가님의 생각도 일리가 있지만, 저는 이것에 대해 다음과 같은 생각이 드는군요.

만약 그들의 생각의 범위가 이생뿐이고, 그들의 삶이 이생으로 끝난다면 이생에서라도 잘살아야 공평하지 않을까요. 허나 하나님께서 기다리고 계시는 중이라면 우리도 기다려야 하겠지요. 그들도 하나님의 자녀로 예정된 자들일지도 모르니까요(행 13:48).

하와의 생각을 빼앗아 세상을 얻게 된 사단이 오늘날도 똑같은 수법인 '유혹'을 사용하여 우리들을 죄의 길로 끌어들이려 한다는 것을 기억해야 할 것입니다.

2010년 12월 18일. 연평도 사격훈련이 실행되면 6·25전쟁과는 비교도 안 될 정도의 핵참화가 일어날 것이라는 북한의 발표에 우리 둘째 아이가 다음과 같은 질문을 하였습니다.

"아빠, 전쟁이 실제로 일어날까요? 전쟁이 나면 우리는 어떻게 되죠?"

"전쟁이 나서 우리가 죽으면 하늘나라로 올라가니까 좋고, 만약 전쟁이 안 일어나거나 일어나더라도 살아남게 되면 살아서 좋고, 우리는 어떤 경우든 괜찮을 것이다."

이 말을 들은 우리 아이는 그제서야 안심이 된다 하였습니다.

이렇듯 사단은 우리들을 혼란과 두려움 속에 집어넣어 생각을 빼앗아 가려고 갖가지 방법을 동원하고 있습니다(벧전 5:7~8).

19세기 영국의 유명한 정치가이면서 수상을 지냈던 윌리엄 글래드스톤 경이 외국으로 선교를 떠나는 젊은 청년들에게 다음과 같이 말했다고 합니다.

"당신이 젊은 나이에 다시 외국으로 선교하러 떠나는 것을 축하합니다. 나는 정치가로서 영국에서 가장 중요한 인물이 되었지만, 많은 힘과 시간을 낭비했습니다. 나는 이미 지나가 버린 시간을 생각하면 마음이 아픕니다.

만약 내가 세 개의 생명을 소유하고 있다면 나는 모두 하나님 말씀을 전하는 데 사용할 것입니다. 무수히 많은 좋았던 시간들은 이미 없어져 버렸기 때문에 오늘 나는 어떻게 할 수가 없군요. 따라서 나는 당신들이 주님과 복음을 위하여 앞으로 힘써 나아가길 원합니다."

인생에 있어서 청년의 때에 모든 생각을 하나님께 집중하면 지금 내가 무엇을 해야 할지를 알 수 있지 않을까요?(전 12:1)

16세기 독일의 종교 개혁가 마틴 루터는 악한 생각을 머리 위에서 맴도는 새에 비유하였습니다. 새들이 머리 위를 날아다니는 것은 어쩔 수 없지만 머리 위에 둥지를 틀지 못하게 할 수는 있다고 하였지요.

우리가 예수님을 영접한 후에도 우리의 생각은 여전히 과거의 생각 그대로일 때가 많지요. 그래서 성경은 우리의 생각이 변화되어야 한다고 하였습니다(롬 12:2). 어떻게 말인가요? 하나님의 말씀으로요.

만약 사단이 내 생각의 씨앗을 탈취해 간다면 내가 기억할 것들도 빼앗지 않을까요? 성경은 사단이 즉시 와서 저희에게 뿌려진 말씀을 빼앗는다고 하였습니다(막 4:15). 사단은 우리에게 생각을 주기도 하고(요 13:2) 또 빼앗아 가기도 합니다.

그래서일까요. 어느 때는 방금 들었던 구절이 생각 안 날 때가 있지요. 물론 의학적으로 뇌세포 파괴로 인한 현상이라고 해석할 수도 있습니다. 허나 많은 경우 생각에 관한 문제이지요. "뿌릴새 더러는 길 가에 떨어지매 밟히며 공중의 새들이 먹어 버렸고"(눅 8:5).

때문에 내 기억들이 빼앗기지 않도록 하나님께 기도해야겠지요. 특히 수험생들에게 이런 현상이 자주 생기면 큰일이지요. 기억을 빼앗기지 않도록 공부하기 전에 먼저 기도해야 할 것입니다.

생각의 탈취라는 관점에서 보면 두 가지를 생각할 수 있지요. 하나는 내가 주도적으로 어떤 생각을 행하려고 하는데, 이때 사단이 나를 공격하여 내 생각을 빼앗고 그 대신 자기의 생각을 행하도록 강요하는 것입니다. 하와의 경우처럼. 다른 하나는 내 마음밭에 약하게 심겨진 생각들이나 기억들을 새가 콕콕 쪼아 먹듯이 빼앗아 가는 경우입니다. 그리하여 훗날 내가 생각을 끄집어내어 행하려고 할 때 잘 생각이 나지 않게 하는 경우가 바로 이것이지요.

크게 보면 위 두 가지 모두 사단이 내 생각을 공격하는 것이므로, 우리는 깨어서 이것들을 지켜야 할 것입니다.

생각의 탈취라는 관점에서 보면 사단은 우리들의 적입니다. 적들이 우리의 생각을 탈취할 수만 있다면 우리의 의지와 정서, 행동 등도 마음대로 조종할 수 있지요. 그만큼 생각의 탈취는 적들에게 매우 중요한 목표가 됩니다.

청교도인 조지 스윈녹은 말합니다. "육신의 힘이 부족하거나 그 기회를 갖지 못해서 겉으로는 그 죄를 짓지 않지만 마음으로는 죄 짓는 것을 아주 좋아하고 즐기는 사람들이 있다. 희극 배우처럼. 그들은 공개적으로 보다 정확하게 죄를 짓기 위하여 은밀히 죄를 연습하고 있다."

그렇다면 이런 부류의 사람들은 이미 사단의 덫에 걸린 것 아닌가요? 우리는 누구를 위해 기도해야 하나요? 이렇듯 생각의 지식이 부족한 자들을 위해 기도해야 하지 않을까요.

마귀가 주는 생각을 우리가 정중하게 상대하면 안 되고, 다만 대적하여 물리쳐야만 합니다. 예수님께서도 귀신의 말함을 허락지 않으셨습니다(막 1:25, 34). 만약 옛 뱀이 첫 질문을 하와에게 던졌을 때 대꾸조차 안 했다면 인류의 역사는 달라졌을 것이 아닙니까.

신자들조차 죄악이 되는 생각으로 인해 지속적인 고통을 당할지언정 그것의 원인이나 처방에 대해서는 생각해 본 바가 극히 드물 것입니다. 감기나 병에 걸리면 처방에 따라 투약을 하면 그만이지만, 악한 생각의 공격을 막아 내는 것은 그리 만만치가 않지요. 끊임없는 노력이 수반되지 않고서는 말입니다. 어디 세상에 쉬운 일이 하나라도 있던가요. 영적인 싸움이라면 더욱 어렵지요. 허나 예수님과 함께라면 모든 일이 가능합니다(막 9:23).

악한 영의 공격으로 한동안 일이 손에 잡히지 않을 때가 있었지요. 때로 하나님께 울부짖으면서 도와 달라고 큰소리로 기도도 해보았습니다. 여전히 묵묵부답이셨지요.

그러다 어느 날 한줄기 빛처럼 깨달음이 왔습니다. 생각의 고통은 곧 내 얼굴을 하나님께로 향하게 하시기 위함이라는 것을. 그제야 사단에게 생각의 통행권을 허락하셨던 이유를 깨닫게 되었습니다.

하와가 사단에게 생각을 빼앗겼을 때 그것은 네 가지 치명적인 결과를 가져왔습니다.

첫째는 사단이 하나님께 대적할 수 있게 되었다는 것(행 4:26, 5:39), 둘째는 우리에게 영적이며 육적인 죽음을 동시에 가져오게 되었다는 것(창 2:17), 셋째는 후손들에게 원죄를 심어 놓았다는 것(롬 7:17, 20), 끝으로 사단에게 모든 사람들의 생각에 마음대로 드나들 수 있는 통행권을 주었다는 것(요 13:2, 고후 10:5, 빌 4:7).

사단과 대화를 하면서 하와는 단지 생각만을 빼앗긴 것이 아닙니다. 그것은 예상치도 못한 더 큰 손실을 가져왔지요. 오늘날 우리는 사단에게 생각을 빼앗기면 또 다른 커다란 손실을 입게 된다는 것을 항상 염두에 두고 깨어 있어야 할 것입니다(마 26:41).

청교도인 리차드 시베스는 말했지요. "사단은 아담에게 사과를 준 대신 낙원을 빼앗아 갔다. 그러므로 온갖 시험 속에서 우리는 사단이 주는 것이 무엇인가보다 우리가 빼앗길 것이 무엇인가를 고려해야 한다."

역시 사단은 속임수의 제왕이 아닌가요. 소탐대실(小貪大失)하는 인간의 약점을 교묘히 이용하는 사단은 절대 손해 보는 일은 하지 않습니다.

　　내 안에 적이 살아 있어서 나를, 내 가족을 죽이려고 호시탐탐 기회를 노리고 있다는 진리를 아는 신자가 얼마나 될까요. 안타깝게도 이 원수는 결코 없어지지 않습니다.

　　오늘날 신자들의 가장 큰 문제는 이 원수가 하는 일에는 거의 생각도, 관심도 두지 않는다는 것입니다. 원수에게 이보다 더 좋은 기회가 어디 있을까요. 따라서 원수의 존재를 먼저 이해하는 것이 급선무이지요.

오늘 설교 메시지 중에 '호사다마(好事多魔)'라는 말이 인용되었지요. 일반적으로 사람들은 하나님을 믿지도 않으면서 위급할 때는 하나님께 살려 달라고 빌듯이, 마귀와 귀신들의 존재를 믿지도 않으면서 여기저기 언급하고 있지요.

만약 마귀의 존재를 인정한다면 이제는 그들의 악한 생각의 역사도 인정해야 하지 않을까요.

신자가 이 세상을 살아가는 데 있어서 세 가지 장애물이 있습니다.—세상, 사단, 육체.

그러나 세상은 하나님(요1서 2:15~16), 사단은 예수님(요 1서 3:8, 히 2:14), 육체는 성령님(갈 5:16~17)의 도우심을 통해 극복할 수 있습니다.

여기에 생각에 관한 영적인 지식과 통찰까지 더하면 더할 나위 없겠지요.

청교도인 토마스 아담스는 악한 행실의 결과에 대해 다음과 같이 말하였습니다. "악한 생각에 익숙해진 사람들은 거의 선한 말이나 착한 행실을 할 수 없다. 열매를 보면 그 나무를 알 수 있는 법이다."

어떤 생각이 어떤 열매를 맺는다는 것, 이것이 생각에 관한 진리입니다(마 12:34).

"너는 이것을 알라. 말세에 고통하는 때가 이르러 사람들이 자기를 사랑하며 돈을 사랑하며……부모를 거역하며……원통함을 풀지 아니하며……쾌락을 사랑하기를 하나님 사랑하는 것보다 더하며"(딤후 3:1~4).

위의 하나님 말씀처럼 말세의 고통은 곧 생각의 고통이지요. 진정 마지막 때에 사단은 우리의 생각을 사로잡아 자아를 사랑하고 돈을 사랑하는 데 있어서 온 생각이 우선적으로 집중되도록 미혹합니다. 아무리 바빠도 잠깐만 생각하면 그것을 알 수 있지요. 내 생각이 빼앗기지 않도록 주의해야 할 것입니다.

"아버지가 자식을 죽는 데에 내주며 자식들이 부모를 대적하여 죽게 하리라. 또 너희가 내 이름으로 말미암아 모든 사람에게 미움을 받을 것이나 나중까지 견디는 자는 구원을 받으리라"(막 13:12~13).

사단이 생각을 탈취했을 때 나타나는 현상들이지요. 어제 뉴스에도 그랬고, 잊을 만하면 가끔씩 등장하는 불미스러운 일이지요. 알고 보니 예수님께서 이미 2000년 전에 예언하신 말씀이더군요. 그렇다면 별로 놀랄 일도 아니지 않습니까?

허나 소망스러운 일은 아무리 어려워도 나중까지 견디면 결국 구원을 얻을 것이라는 말씀입니다. 얼마나 위로가 되는 말씀입니까.

때로는 사단이 내 생각을 빼앗은 뒤 자기 생각을 주입하여 다른 사람을 공격하기도 합니다(창 3:17). 이때의 생각은 놀랄 정도로 명석합니다. 자세히 살펴보면 어떻게 이런 기막힌 생각을 할 수 있을까 놀랍기만 하지요. 그것은 내 생각이 아니라 다름 아닌 사단의 생각이기 때문이지요.

다른 사람을 공격하는 데 나도 모르게 내 자신이 사용되지 않도록 깨어 있어야 할 것입니다. 성경은 깨어서 기도하고(막 14:38, 엡 6:18) 기도하며 깨어 있으라고 합니다(눅 21:36, 골 4:2).

혹은 어떤 사람이 매우 교묘하게 희한한 생각을 할 때가 있습니다. 조금만 주의하여 살펴보면 쉽게 그의 생각이 아니라는 것을 알 수 있지요. 그렇다면 이것 역시 그의 생각이 사단에게 악용되고 있다는 뜻이 아닌가요.

지금 어떤 악한 영의 생각 때문에 괴로움을 겪고 있다면 '나만 왜 그러는 것이냐'고 짜증을 낼 일은 아닙니다. 왜냐하면 마음속에 지금까지 쌓아 온 것의 결과이니까요(마 12:35). 허나 반대로 날마다 기쁨과 즐거움이 넘친다면 마음속에 선한 것만 쌓아 왔다는 뜻이겠지요.

생각하면 할수록 생각에 대한 진리의 말씀이 무엇보다 중요한 것 같군요. 당신도 그렇게 생각해 본 적이 있으신가요?

그래서인지 신약성경에 '생각'이란 단어가 35번이나 나오지요.

"끝으로 형제들아 무엇에든지 참되며 무엇에든지 경건하며 무엇에든지 옳으며 무엇에든지 정결하며 무엇에든지 사랑받을 만하며 무엇에든지 칭찬받을 만하며 무슨 덕이 있든지 무슨 기림이 있든지 이것들을 생각하라"(빌 4:8).

이렇듯 바울은 우리들에게 도덕적이고 정신적인 8가지의 덕목들을 항상 생각하라고 권면하고 있습니다. 이것들이 얼마나 중요한지 알겠지요? 이렇게 한다면 죄에게 공격할 틈을 주지 않게 됩니다.

악한 생각의 공격 패턴은 크게 두 가지로 나누어 볼 수 있지요. 하나는 틈이 보였을 때 집중적인 포화로 공격을 가하는 경우입니다. 이는 밤낮으로 공격이 이루어지므로 정말 괴롭지요(창 39:10, 계 12:10). 둘째는 이런저런 잡다한 생각의 산발적인 공격으로, 쉽게 오기도 하지만 쉽게 떨쳐 버릴 수도 있지요. 비록 산발적인 공격이라 해도 때를 신중히 선택했을 것입니다.

항상 깨어 있으면서 악한 생각을 죽여 왔다면(마 26:41) 어떤 공격이든 사전에 막을 수 있지 않을까요.

지금까지의 내용이 좀 우울하지는 않습니까. 왜냐면 악한 생각, 공격, 사단, 죄 등 주로 부정적인 단어들로 이루어졌으니까요. 후반부에 가서는 좀 더 긍정적이고 비전 있는 내용을 성령님께서 주실 것입니다. 첫 사람 아담이 먼저이고, 마지막 아담 주님께서는 그 다음이시니까요(고전 15:45~46).

경제학적으로 볼 때, 악한 영도 가능성이 있는 일에 투자를 하지 않을까요. 그들도 때가 얼마 남지 않았다는 것을 알고 있으니까요 (계 12:12).

주일 아침 기독교 방송 설교 중에 어떤 목사님께서 '예수님'을 '예수'라고 말씀하시는 것을 여러 번 들었어요. 왜 주님을 예수님이라 부르지 못하는 걸까요. 왜 새 번역 성경에서는 많은 부분을 교정하면서 '예수님'의 호칭을 '예수'로 그냥 내버려 두었을까요.

만약 그렇다면 '스님'을 '스'라고 해야 하고, '대통령님'을 '대통령'이라고 불러야 하나요.

왜 어떤 사람에게는 어떤 종류의 생각이 역사할까? 이를 깊이 묵상하였더니 하나님께서 다음과 같은 빛을 보여 주셨습니다.

가룟 유다의 경우

주님의 12제자 중 왜 가룟 유다가 사단에게 이용되었을까요. 예수님으로부터 회계직을 임명받았던 유다는 예수님을 한 번도 '주'라고 부른 적이 없으며, 처음부터 하나님에 대해서는 관심이 없었지요. 그는 돈과 재물에만 온 생각이 집중되어 있었으므로(요 12:4~5) 사단의 유혹에 쉽게 노출되어 왔던 것입니다. 결국 사단이 유다에게 던진 생각의 종류는 다름 아닌 예수님을 '팔려는' 생각이었지요.

레위지파의 경우

야곱의 12지파 중 제사장의 임무는 레위지파에게 주어졌지요. 왜 하나님께서는 레위에게 제사장의 직분을 맡겼을까요. 레위는 먼저 하나님의 마음에 합당한 자였고, 부모·형제·자녀들을 잊고 오로지 하나님의 갈망에만 관심을 기울였으며, 하나님 말씀을 준행하고 주의 언약을 지켰지요(신 33:8~10). 이러한 레위의 생각과 관심을 하나님께서는 귀히 보시고, 야곱의 열두 아들 중 레위에게만 제사장 직분을 맡기셨던 것이지요.

이로 보건대 어떤 지속적인 성향이나 관심은 곧 그쪽으로의 영적인 결과로 나타난다는 것을 알 수 있지요. 정말 심도 있게 생각해 볼 내용이 아닌가요?

어떤 사람들의 성향은 너무도 분명한데 다른 사람들은 어떤 성향을 소유하고 있는지 도무지 갈피를 못 잡을 때가 있지요. 성향이 분명할 때는 문제없지만, 분명치 않을 때는 사단은 이런저런 생각, 온갖 잡다한 생각으로 공격을 시도해 보기도 합니다.

그러다 반응이 확실히 나타나게 되면 집중적인 공격을 감행하지요. 이것을 보면 사단이 항상 똑똑한 것만은 아닌 것 같군요.

시대가 많이 변했지요? 서울의 지하철을 한번 타 보면 금방 알 수 있습니다. 젊은 사람들이 TV를 들고 다니면서 보기도 하고 듣기도 합니다. 이들 모두가 설교나 찬양을 들으면 얼마나 좋을까 하고 생각해 봅니다. 내 어린 시절엔 상상도 못한 일이라 아쉽지만, 젊은 그들은 벌써부터 천국의 보화를 더 많이 쌓을 기회가 있어서 부럽기만 하군요(마 6:19~20).

여담입니다만 저는 이 책 전체뿐만 아니라 지금의 1장이 언제 끝날지 모릅니다. 성령 하나님께서 주시는 동안은 계속 받아 적어야 하기 때문이지요.

목하 우리는 모두 전쟁 중이지요. 범국가적으로는 북한과 전쟁 중이고, 사회적으로는 직장인끼리 전쟁 중입니다. 마지막으로 개인적으로는 생각과 전쟁 중이지요. 이 중에서 어느 것이 가장 치열하고 힘든 전쟁일까요. 보이지도 않는 적과 평생 그리고 매 순간마다 싸워야 하는 생각의 전쟁이 아닐까요?

상담가이면서 목사님이신 아놀드에 의하면, 어떤 사람은 원치 않는 생각과 욕망 때문에 괴롭힘을 당한 나머지 지구 끝까지라도 도망쳐 벗어나고 싶다고 했고, 어떤 사람은 마음의 평안과 순전한 마음을 소유하기 위해 어떤 대가라도 지불하겠다고 합니다.

이런 사람들의 고통은 당해 보지 않으면 실감이 나질 않겠지요. 남들이 겪는 일이라고 그냥 지나치지 말고, 그들의 고통을 잠시나마 헤아려 준다면, 그것이 혹시 나를 향한 하나님의 뜻일지도 모르지요. 더군다나 그들이 우리 주님께서 대신하여 죽으신 내 형제들이라면 더욱 그렇지 않을까요(롬 14:15).

작금에 어느 정치가가 말을 실수하는 바람에 연일 방송전파를 타고 있지요. 성경에 혀는 쉬지 아니하는 악이요 죽이는 독이 가득하다고 하였습니다(약 3:8). 더구나 사단의 생각으로 꽉 잡혀 있는 경우라면 더 뭐라 말할 필요가 있을까요.

어제도 조심, 오늘도 조심, 내일도 조심. 오늘날은 불조심이 아니라 혀 조심해야 그나마 버틸 수 있는 세상입니다.

사무엘 러더포드는 유혹을 바라는 것이 모든 유혹 중 가장 큰 유혹이라고 했지요. 내 안에 거주하는 죄의 생각이 나로 하여금 은밀히 유혹을 바라도록 접근하는 것이 아닐까요. 보이는 유혹보다는 보이지 않는 유혹이 더 매력적으로 다가오기 때문이니까요.

옛날에는 사람이 죽었을 때 아이고, 아이고 하면서 슬프게 통곡을 하였습니다. 요즘에는 어떻습니까. 똑같은 죽음인데 반응은 제각각입니다. 오히려 한쪽에서는 희미한 미소까지 띠기도 합니다. 그동안 사단은 참 많이도 사람들의 생각을 점유했다는 생각이 들어 씁쓸하군요. 이제라도 늦지 않았으니 살아 있는 자들을 위해 기도해야겠지요.

바라지 않는 생각이나 상상을 강요당하는 것과 그런 생각들을 의도적으로 즐기는 것은 별개이지요. 후자는 이미 자발적으로 사단보다 앞서서 악을 행하는 데 주도적입니다. 치료를 위해서는 그만큼 더 많은 시간과 인내가 필요하겠지요. 허나 하나님께는 불가능한 일이 없으시므로 노력만 하면 언제든 완치가 될 것입니다(빌 4:13).

로뎅의 '생각하는 사람'은 로뎅이 단테의 「신곡」을 주제로 만든 〈지옥문〉이라는 작품 중 하나입니다. 많은 사람들이 생각만 하는 것치곤 다소 심각해 보이는 모습에 대해 여러 가지 추측을 내놓았지요. 혹자는 인간이 지옥으로 떨어져 고통스러워하는 모습을 생각하는 것이라고 합니다. 어쩐지 참으로 심각한 모습으로 고심하고 있지 않습니까.

그렇다면 지금 한 생명이라도 더 구하기 위해 우리가 노력해야 하지 않을까요. 그저 생각으로만 끝나지 말고 말입니다.

우리 안에 거주하고 있는 죄는 악랄하고 지독한 놈이지요. 떼려야 뗄 수도 없는, 평생을 같이 거주해야 하는 아주 고약한 놈이지요. 가끔씩 이놈이 공격한다 싶으면 정말이지 몸서리가 쳐지지 뭡니까.

주의 일을 아무리 열심히 한다 해도 이놈의 존재를 잠시나마 잊고 나의 약점을 노출시키기라도 하면 여지없이 생각으로 공격을 가해 옵니다. 10년, 아니 30년, 40년 사역의 공적을 한순간에 무너뜨리는 놈이 바로 이놈이지 싶어요. 오히려 우리가 먼저 선제공격을 하면 어떨까요. 저들도 똑같이 괴로워하지 않을까요.

 **막간의 기도**

하늘에 계신 내 사랑하는 아버지 하나님께 예수 그리스도의 이름으로 간절히 기도하옵나이다. 지금 이 시간 이 책을 읽는 모든 사람들에게 하나님의 은혜와 성령님의 기름 부으심(anointing)을 넘치게 하사 그들의 생각이 예수 그리스도께 산제사로 온전히 바쳐지기를 기도드립니다(롬 12:1, 고후 10:5). 아멘.

악의 생각에 대적하고 싸우라는 것은 하나님의 명령이십니다 (엡 6:12, 골 3:5~6, 벧전 5:9). 아직 피 흘리기까지 싸우지는 못할지라도 여전히 싸워야만 합니다(히 12:4). 아버지의 명령이시니까요.

오늘날은 한 차원 더 높은 수준의 순종을 원하십니다. 예수님께서 더 좋은 약속으로 세우신 더 좋은 언약의 중보자가 되셨기 때문입니다(히 8:6). 이전에는 보이는 몸으로만 죄를 지어야 죄로 여겼지만, 이제는 보이지 않는 생각과 마음으로 죄를 지어도 죄를 짓는 것이 됩니다(마 5:28). 그래서 이 모든 약한 것들을 도우려 성령님께서 오시지 않으셨을까요(요 14:16, 행 1:5).

엄위하신 온 우주의 하나님께서 자녀의 특권을 주셨으니 아버지의 말씀을 준행해야 할 것 아닙니까. 이것은 하되 저것은 하지 말라. 이것은 생각하되 저것은 생각지 말라. 너무 많아서 행하기 힘든가요, 아니면 몰라서 힘든가요? 일단 한 번만 해 보시지요. 그러면 다음번에는 더 쉽게 잘할 수 있게 될 것입니다(요 15:2).

영어 성경을 보면, 구약의 마지막 단어는 curse(저주)인 반면 신약은 Amen(아멘)으로 끝납니다. 우리의 시작은 고통과 저주였지만(시 51:5), 결국은 아멘이신 예수님(계 3:14)과 함께 이 세상을 떠날 때 생각의 모든 고통은 끝나게 될 것 아닙니까?

🐦 오늘 오후 헬스클럽에서 운동을 하면서 악한 생각의 죽임에 대해 묵상하였지요. 어떻게 하면 지속적으로 내 안의 악한 것들을 죽일 수 있을까. 하나님께서는 성령 충만의 생각을 주셨습니다.

이제야 사도 바울이 왜 항상 성령님을 강조했는지 알 것 같군요(행 19:2, 엡 5:18).

세상에는 많은 일들이 이해가 안되는 경우가 있지요. 어떤 행위가 죄스러울 때 악한 생각의 역사인 줄 알면서 또 그것을 반복하게 됩니다. 왜 그럴까요. 그것은 죄가 우리의 생각을 장악하고 조종하기 때문이지요(고후 4:4). 이것을 안다면 이제 막아야 하지 않을까요. 하나님께 기도함으로써.

생각에 대한 영적 지식과 깊은 체험이 없이는 온전한 성화를 얻기가 힘들다고 생각합니다. 보이지 않는 생각과 마음이 죄를 지을 수 있다면, 그 부분의 성화도 함께 있어야 완전한 성화라고 할 수 있을 것입니다.

바울은 육체의 연습은 약간의 유익밖에 없지만 경건은 범사에 유익하다고 했습니다(딤전 4:8). 이는 보이는 것보다는 보이지 않는 것이 더 중요하다는 뜻이겠지요. 물론 육체의 연습도 필요하지요. 허나 참된 건강비결은 몸짱으로 얻어지는 것이 아니고, 마음짱 생각짱으로 얻어지는 것 아니겠습니까?

악한 생각이란 무엇인가요. 내 안의 죄가 만들어 내는 생각, 즉 악한 영이 주는 생각을 가리키지요. 이러한 악한 생각이 나를 주장하고 자기 생각에 복종하도록 강요합니다.

이러한 지식을 소유하게 되면, 어떤 원치 않는 결과가 나타날 때 악한 생각 때문이라고 올바로 분별할 수 있게 되지요. 그리하여 자신을 질책하는 대신 하나님께 나아가게 되겠지요.

토마스 아담스라는 청교도는 악한 생각의 종류에 대해 다음과 같이 말하였습니다. "사단은 물고기의 취향에 따라 미끼를 던진다." 어쩌면 이렇게 제 생각하고 똑같을까요. 우리가 그리스도의 한몸 안에 있으므로 같은 생각을 소유하는 것은 매우 자연스러운 일입니다(고전 12:12~20).

여호와 하나님께서 호세아 선지자에게 내 백성이 지식이 없어 망한다고 말씀하셨습니다(호 4:6). 하나님께서는 지식, 영적인 지식을 매우 귀중히 여기셨습니다. 오죽하면 우리가 지식을 버리면 하나님께서도 우리를 버리시겠다고 말씀하셨을까요(호 4:6).

그렇다면 생각에 관한 영적 지식은 어떨까요. 더욱 더 귀중히 여기시지 않을까요. 생명이 여기에서 나오니까요(잠 4:23).

물론 세상에는 정말 법 없이도 사는 많은 훌륭한 사람들이 있습니다. 겉으로 악한 생각의 역사가 드러나지 않는다고 죄가 없는 것은 아니지요. 보이지 않는 죄가 보이는 죄보다 더 클 수도 있겠지요.

적이 무식하게 아무 때나 공격을 가하지는 않겠지요. 기회를 얻기 위해 기다리고 또 기다릴 것입니다. 심지어 산발적인 공격이라도 말입니다. 허나 우리가 만반의 준비를 갖추고 있다는 것을 안다면 적들도 떨게 되겠지요. 자기들도 죽는 것을 두려워할 테니까요.

혹시 아시나요. 사람이 나이 들면 좋은 것이 하나 있다는 것. 그 것은 이전에는 이해가 안되던 것들이 나이 들면서 이해된다는 것이 지요. 이것은 바로 생각의 문제입니다.

손양원 목사님은 1948년 여순사건 때(당시 46세) 자신의 두 아들을 죽인 사람을 양아들로 삼으셨다지요. 젊어서는 이 말이 이해가 안됐 지만 지금은 어느 정도 알 것 같아요. 나이가 들어 참 좋은 점도 있다 는 것에 새삼 하나님께 감사드립니다.

인간 관계를 가장 힘들고 어렵게 만드는 것은 무엇일까요. 자아, 즉 자신의 생각이 아닐까요(마 16:24). 더구나 사단의 영향을 받는 생각이라면 더욱 그렇지요. 내 생각을 지키기 위해 노력하면 모든 사람들과의 관계가 달라지겠지요.

정말 사단이 세상을 주장한다는 것은 주위를 살펴보면 금방 알 수 있지요. 누가 실타래의 실을 서로 엉키게 했나요. 전선들이 왜 서로 엉켜서 풀리지 않나요. 어떻게 하면 뒤로 자빠졌는데 앞에 달려 있는 코가 깨질까요.

신약성경에는 깨어 있으라는 말씀이 25번이나 나옵니다. 과거에는 이 말씀을 그냥 정신 차리고 열심히 신앙생활을 하라는 것으로 이해했습니다. 허나 이젠 알지요. 그것은 생각이 깨어 있어야 한다는 뜻임을.

이 세상을 탈취한 사단(눅 4:6)은 제일 먼저 무슨 짓을 했을까요. 세상 조직(시스템)을 재편성하지 않았을까요(엡 6:12). 일단 세상 안에 들어와 있는 모든 먹잇감들을 하나도 놓치고 싶지 않았을 테니까요. 외적으로는 세상 시스템으로, 내적으로는 죄의 생각으로 몰아붙이면 그 누가 빠져나갈 수 있을까요. 허나 하나님의 모든 말씀은 그 조직조차 깨뜨릴 수 있고 죄의 생각도 죽이실 수 있다는 것을 혹시 아시는지요?(히 4:12~13)

구원을 위한 영접기도를 하는 데 있어서 첫 번째 단계는 예수님이 하나님의 아들이라는 사실을 마음으로 먼저 믿어야 한다는 것입니다(롬 10:9~10). 이때 발생하는 것이 바로 회개인데, 회개(메타노에이테)는 원문으로 보면 '생각을 바꾸는 것'이지요. 허나 사단이 그의 온 생각을 붙잡고 있기 때문에(고후 4:4) 생각을 바꾸어 마음으로 믿기는 쉽지 않겠지요. 시작부터 영적 전쟁인 셈이지요.

이렇듯 아무리 악한 생각이 그의 생각을 사로잡고 있다 할지라도 아버지께서 이끄시면 어느 누구도 막지 못할 것입니다(요 6:44, 65).

요한계시록을 보면 사단은 밤낮으로 우리 형제들을 참소하고 있다고 기록되어 있습니다(계 12:10). 생각을 무기로 날마다 괴롭히고 있다는 이야기이지요. 우리 신자들은 어떠합니까. 밤낮으로 방어하고 있나요? 여전히 세상살이에 바쁘고 지쳐 이 싸움에 무관심하지는 않나요? 생각할수록 지금은 정말 두려운 전시상황이 되어 버렸군요.

왜 예수님께서 날마다 깨어 있으라고 하셨는지 이해가 가지요?(막 13:33, 벧전 5:8) 주님 말씀대로만 행하면 이 세상 그 어떤 것, 제일 힘든 생각의 전쟁까지도 두렵지 않지요.

어떤 사람의 묘비명에 다음과 같은 글이 새겨져 있다고 합니다. "그는 태어나서 열심히 식료품 가게를 운영하면서 살다가 85세에 운명하였다." 그렇다면 이분은 지금 어디에 계실까요. 우리도 어떻게 살든 떠나기 전에 갈 곳을 확실히 정하고 살아야 하지 않을까요.

하나님께서는 인간을 크게 두 종류 또는 세 종류로 보십니다.—신자와 비신자, 또는 유대인과 이방인과 교회(고전 10:32). 신자는 육신에 속한 자(carnal christian)와 영에 속한 자(spiritual christian)로 나뉘지요(고전 3:1).

육적인 신자는 그냥 아무 생각 없이 열심히 살다가 간 사람들입니다. 반면 영적인 신자들은 생각 지식을 소유했을 뿐만 아니라 항상 깨어서 열심히 싸우다가 부르심 듣고 떠난 사람들이지요. 그러기에 지금은 힘들지라도 우리는 영적인 삶을 살아야겠지요.

하나님과 재물은 동시에 섬기지 못한다고 하셨습니다(마 6:24). 그럼, 하나님만 온전히 섬기려면 어떻게 해야 하나요? 생각의 지식을 소유하여 실천하는 방법밖에 없지요.

전쟁에서 가장 중요한 것이 무엇일까요. 그것은 작전 계획이 아닐까요. 그렇다면 생각의 전쟁에서는 어떤가요. 마찬가지로 생각이 적에게 노출되면 위험하지 않을까요. 노출되지 않으려면 말을 적게 하고 생각을 분요하게 만들면 안 되겠지요.

사단이 우리의 생각을 점유했다면 이젠 우리의 감정과 의지도 자유롭게 흔들 수 있지요. 왜냐면 생각이 감정과 의지에 긴밀히 연결되어 있기 때문입니다. 따라서 제일 먼저 우리가 주의해야 하는 기관은 생각이지요.

오랫동안 믿어 왔던 어떤 사람이 어느 날 갑자기 이상한 행동이나 말을 한다면 어떻게 해석해야 할까요? 심지어 신앙을 소유한 자들까지 돌발적인 행동을 하여 주위의 많은 사람들을 놀라게 한다면 말입니다. 이는 분명 생각 지식의 결핍에서 오는 현상이지요.

예를 들어 그동안 신실했던 베드로가 갑자기 예수님의 죽으심과 부활에 대해 부정했을 때 주님께서는 다음과 같이 말씀하셨지요. "예수께서 돌이키시며 베드로에게 이르시되 사단아 내 뒤로 물러가라 너는 나를 넘어지게 하는 자로다. 네가 하나님의 일을 생각지 아니하고 도리어 사람의 일을 생각하는도다 하시고"(마 16:23).

베드로는 생각에 대하여 아무런 주의를 기울이지 않았기 때문에 자신도 모르게 이런 말을 하게 되었지요. 주님께서는 이런 베드로의 생각을 공격했던 사단의 역사를 분명히 알고 계셨기 때문에 사단을 물리치셨습니다.

자비하신 아버지께서 보혜사(helper)이신 성령 하나님을 선물로 보내시지 않았습니까(요 14:26, 행 1:8). 이는 악한 생각의 공격에 집착하기보다는 성령님에 대해 더 관심을 갖고 생각하라는 뜻입니다. 누군가로부터 선물을 받으면 선물을 주신 분과 그분의 마음의 표시인 선물에 더 관심을 갖고 감사해야 하는 것처럼 말이지요.

아버지께서 어디 우리가 할 수 없는 것을 하라고 하신 적이 있으셨던가요?(막 9:23, 빌 4:13)

악한 생각에 한 번 두 번 순종하게 되면 점차적으로 습관이 되어 갑니다. 습관은 영어로 habit이고 거처는 habitation이지요. 습관은 생각의 거처인 견고한 진이 됩니다(고후 10:4).

이를 처음부터 막기 위해서는 생활 환경을 주의해야 하고, 이미 만들어진 견고한 진은 성령님의 검이신 하나님의 말씀과 기도로 파할 수 있지요(엡 6:17~18). 예로, 남을 시기하는 생각을 하다 보면 나도 모르게 시기의 진이 형성되지요. 그러므로 생활의 환경을 주의하여 긍정적이고 선한 방향으로 나아가도록 노력해야 합니다.

제가 미국에서 유학할 때 미국 친구들이 사용했던 말 중 다음과 같은 것이 있었지요.─trash in, trash out(쓰레기통에 넣는 그것이 쓰레기통에서 나오게 된다). 저는 이것을 성경 말씀에 다음과 같이 적용해 보았습니다.─faith in, faith out. 우리 마음에 믿음의 말씀을 넣으면(faith in) 말씀의 생각이 나오지 않을까요(faith out)?

사단의 유혹의 생각 공격이 얼마나 파워풀한지 실제로 있었던 경험담 하나를 말씀드리려고 합니다.

어떤 여자 성도 한 분이 외국에 거주하는 바이어(한국 사람)를 만나려고 해외출장을 갔다고 합니다. 모든 비즈니스를 마치고 저녁식사 초대를 받았는데 그날 밤 이상하게 그분이 멋있게 보였다고 하지요. 자꾸만 그 사람에게 자기 마음이 끌려가는 것을 느끼면서, 악한 유혹의 생각에 몸서리를 치고 있었답니다. '내가 왜 이럴까. 요즘 매일 새벽기도에 열심히 출석하여 기도도 많이 했는데 내가 왜 이렇게 이상한 생각이 들까.' 결국 하나님의 도우심으로 그 상황에서 빠져나와 서둘러 귀국하였지요. 아직도 그날 밤 일을 생각하면 얼마나 아찔했는지 모른다고 합니다.

정말 하와의 경우처럼 사단에게는 우리의 눈을 가리기도 하고 멋있게 보암직도 하게 만드는 유혹의 기술이 있다는 것을 알아야겠지요.

우리 그리스도께서 우리를 사랑하사 자신을 버리시고 향기로운 제물과 생축으로 하나님께 드리셨습니다(엡 2:2). 만약 우리도 이처럼 사랑한다면 이 세상에서 용서 못할 사람이 있을까요? 사랑은 미움의 생각을 죽이는 하나님의 또 다른 처방전입니다.

어떤 종류의 생각이
나에게 영향을 끼치고 있나

아무 말씀도 하지 마옵소서 아버지여

아무 말씀도 하지 마옵소서 아버지여,
하와가 유혹을 당할 때 왜 내버려 두셨나이까.

아무 말씀도 하지 마옵소서 아버지여,
사단이 온 세상 거머쥐어 휘두르고 있을 때
왜 내버려 두시나이까.

아무 말씀도 하지 마옵소서 아버지여,
죄의 법이 우리들을 날마다 갈구고 있을 때
왜 내버려 두시나이까.

악한 생각에 도저히 못 이겨 자신을 내던져 버리는 영혼들을
왜 붙잡지 않으시나이까.

보혜사 성령님을 주셨건만 무시하고 막 사는 영혼들을
왜 아직도 기다리시나이까.

이젠 말씀하옵소서 내 아버지여,
주의 종이 듣겠나이다.

그래 그건 다 내 뜻 때문이었느니라.

- 최정길

이 세상에 존재하는 생각의 종류는 얼마나 될까요? 이것을 알 수 있는 방법은 아마 없을 것입니다. 다만 생각을 창조하신 하나님만이 아시겠지요. 그렇다면 하나님께서 생각의 종류를 몇 가지로 보시는지 성경을 통해 살펴보면, 다음과 같이 세 가지로 나눌 수 있다는 것을 알 수 있지요(사 55:8~9, 롬 8:6).

1. 육신의 생각
2. 영의 생각
3. 내 생각

이렇듯 생각의 종류만 제대로 파악해도 싸움에서 이길 수 있다는 것 혹시 아시는지요?

자, 그럼 여기서 이에 대한 설명을 해 볼까요.

1. 육신의 생각

이것은 타락한 이후 몸(body)이 죄와 합하여 육체(flesh)가 되고, 그 육체로부터 나오는 모든 종류의 생각을 가리키지요.―사단의 생각, 죄의 생각, 악한 생각, 살인, 간음, 음란, 도적질, 거짓증거 등(마 15:19, 갈 5:19~21).

2. 영의 생각

이는 하나님, 예수님, 성령님의 생각 등(사 55:8~9, 롬 8:27) 모든 영적인 일에 관련된 신령한 생각들입니다.

3. 내 생각

이것은 매 순간마다 육신의 생각과 영의 생각에 좌우되고 있는 나 자신의 생각이지요.

이 밖에도 살다 보면 수많은 잡다한 생각들이 있는데 이것들도 크게 보면 위 생각의 범주 안에 든다고 할 수 있지요.

사단은 육신의 생각을 우리에게 강요하고 우리의 생각을 빼앗아 가려고 하지만, 하나님께서는 영의 생각을 우리에게 강요하지 않으시고 다만 영의 생각을 따르도록 인도만 하시지요(롬 8:14). 하나님께서는 우리의 생각을 직접 다스리길 원하시지 않습니다(요 3:6, 벧전 1:9, 빌 4:8). 그분은 우리가 우리의 의지를 사용하길 원하시듯이 우리의 생각도 우리가 사용하길 원하시지요(골 3:2, 딤후 2:7, 히 3:1).

따라서 우리는 우리의 생각을 지킬 의무가 있고, 생각에 대한 진리를 배워서 빼앗기지 않고 잘 사용해야겠지요.

P.S. 어느 분은 그러더군요. 만약 하나님께서 사단보다 더 강력하게 우리들에게 영의 생각을 강요하시면 좋지 않겠느냐고 말입니다. 맞습니다. 허나 하나님은 절대로 그런 분이 아니시기 때문에 우리가 하나님께 맞춰야 합니다. 아마 하나님의 깊은 뜻이 있을 것입니다.

죄가 아무리 내 생각을 빼앗아 가려고 강탈을 부려도 내가 허락지 않으면 어쩔 수 없다는 것 아시지요? 잊지 마시길 바랍니다. 아무리 강한 죄라 해도 내가 허락지 않으면 어쩔 수 없다는 것을.

만약 내가 허락하면 죄는 내 생각을 사용하여 죄를 짓도록 유혹하겠지요. 그렇다면 죄짓는 사람들은 죄에 속아 허락했다는 뜻이 됩니다. 이 진리를 안다면 다시는 허락하면 안 될 것입니다(창 3:6, 눅 22:6, 벧전 5:8).

16세기 종교 개혁자였던 존 칼빈은 그의 『기독교 강요』라는 저서에서 우리가 죄에 빠지게 되는 것이 사단의 유혹 때문이라고 말하지 말라고 하였습니다. 이는 죄를 짓게 되는 것이 우리 자신에게 달려 있다는 것을 의미합니다.

"육신의 생각은 사망이요, 영의 생각은 생명과 평안이니라"(롬 8:6).

'육신의 생각'은 킹 제임스 번역에서는 'To be carnally minded', '영의 생각'은 'To be spiritually minded'로서, 원어로 해석하면 '육적으로 생각되는 것'과 '영적으로 생각되는 것'으로 수동태 형식을 취하지요.

이는 우리의 삶에서 어떤 때는 육적인 생각이 들고, 어떤 때는 영적인 생각이 저절로 든다는 것을 의미하지요. 이런 관점에서 보면 생각은 다시 두 종류로 볼 수 있습니다. 하나는 '하는 생각(빌 4:8, 히 3:1)'이고, 다른 것은 '드는 생각(마 15:19, 딤전 6:4)'이지요. 여기서 '하는 생각'은 내 생각이고, '드는 생각'은 내 자신의 생각이 아닌 남의 생각으로서, 육의 생각과 영의 생각입니다. '드는 생각'은 내 자신 안으로부터(렘 4:14, 막 7:21), 때로는 내 몸 밖으로부터(요 13:2) 일어나기도 합니다.

원칙적으로 말한다면, 신자에게 있어 하루 중 '드는 생각'은 육적 생각과 영적 생각이지만, 비신자들에게는 거의 육적인 생각만 든다는 것입니다. 따라서 비신자들은 하는 생각이나 드는 생각 모두가 육적인 것이 대부분이지요. '대부분'이라는 말은 비신자들도 아주 드물게 구원을 위한 성령님의 외적인 역사가 있을 수 있기 때문에 잠시 영의 생각이 들 수도 있다는 말입니다(행 9:4).

만약 오늘 하루 내가 육신의 생각을 하였다면 나는 사망의 삶을 살았고, 영의 생각을 하였다면 하루의 삶이 평안했을 것이고 생명의 삶을 살았다는 뜻이 됩니다. 이러한 하루하루가 모이면 인생이 되지요. '샬롬'이라는 인사말은 결국 오늘 하루 영의 생각을 하라는 뜻이 아닐까요.

P.S. 샬롬은 원래 '평강'이라는 뜻의 히브리어 인사말입니다.

비록 신자라 할지라도 신령한 삶을 살아오지 못했다면 하루 중 드는 생각은 육적인 생각이 대부분이겠지요. 예수님께서는 내가 한 모든 말은 아버지께서 말씀하신 그대로 일렀다고 하셨습니다(요 12:50, 14:24). 이 말씀은 드셨던 생각뿐만 아니라 하셨던 생각 모두가 영의 생각이었다는 뜻입니다.

육신의 생각은 하나님과 원수가 된다고 하셨습니다(롬 8:7). 육신의 생각은 내 안의 죄가 소유한 생각이지요. 그런데 그 죄가 참 엄청난 일을 저질렀군요. 감히 전지전능하신 하나님을 원수로 여기다니요. 허허.

🦉 지금 내 자신의 영적 상태가 신령한지, 아니면 육적인지를 아는 방법은 무엇일까요?

그것은 다음과 같은 실험을 해 보면 금방 알 수 있지요. 약 5분간만 아무것도 생각지 마시고 어떤 생각이 드는지만 관찰하십시오. 만일 드는 생각이 육적인 것이 대부분이라면 내 신앙생활은 육적이고, 반대로 영적이라면 신령하다는 의미겠지요.

미국의 심리학자인 셰드 헴스테더 박사는 인간이 하루에 하는 생각이 보통 5~6만 가지라고 하더군요. 그래서인가요. 우리나라 옛말에도 '오만 가지 생각'이라는 말이 있지요. 사람의 생각 중에서 85%는 부정적인 것이고, 또 이 중에서 75%는 부정적인 말이라고 합니다.

이는 떠오르는 생각 중 대부분을 부정적인 생각이 주도한다는 말입니다. 모든 사람의 태생이 그런 걸 어찌하나요. 그래도 다 방법이 있지 싶네요. 이 책을 끝까지 보시면 알게 될 것입니다.

오늘 주일 예배를 마치고 집에 와서 잠깐 잠을 잤는데, 일어나자마자 어떤 생각이 들었는지 아시는지요? 다름 아닌 오만 가지 생각에 대해 나도 모르게 수학적인 계산을 하는 생각이었어요. 제가 공학도라서 그런지 저처럼 이런 생각을 하는 사람이 또 있을까 생각했지요. 혹시 이것이 영의 생각이 아닐까 생각했는데 이유는 여기에 쓰라고 하시는 것 같아서 말입니다.

어쨌든 계산 후에 한 가지 사실을 깨닫게 되었지요. 왜 하루의 생각 중 대부분이 육적인 생각이고 또 '드는 생각'일 수밖에 없는지를.

50,000가지 생각=52가지×60분×16시간(하루 8시간의 수면을 제외한다면)

이 계산은 우리가 1분에 약 50가지 생각을 한다는 이야기이지요(혹은 꿈속에서도 생각한다면 35가지입니다). 첫째, 우리가 1분에 50가지의 생각할 것들을 찾아낼 수 있을까요? 불가능하겠지요. 이는 곧 '하는 생각'이 아닌 '드는 생각'이 대부분일 수밖에 없다는 결론이 나오지요. 둘째, 우리 안을 하나님 말씀으로 가득 채우거나 성령님으로 넘치도록 충만해 있지 않다면 영의 생각보다는 육의 생각이 더 쉽게 들지요.

결론적으로 하루의 오만 가지 생각이란 대부분 육의 생각이고 '드는 생각'이라는 것이지요. 자, 그럼 이것을 어떻게 영의 생각으로 바꿀 수 있을까요? 우리의 힘으로는 도저히 불가능하고 성령님을 의지할 수밖에 없지요. 그래서일까요? 하나님께서 우리에게 성령님을 보혜사로 보내 주신 이유 중의 하나 말이에요.

하와의 범죄는, 사단이 언제든지 내 생각으로 들어올 수 있는 통행권을 주었고 내 생각을 탈취할 수 있는 근거를 만들어 주었지요. 그렇다고 해서 죄가 나를 실질적으로 공격할 수 있을까요? 만약 죄가 힘만 소유하고 있다면 가능하겠지요. 그렇다면 죄는 이런 힘을 소유하고 있나요?

예, 맞습니다. 죄는 힘을 소유하고 있지요.

바울은 이 진리를 체험적으로 깨닫고 우리들에게 가르쳐 주었어요. 그는 죄가 자기를 사로잡아 가는 것을 보고 한 가지 진리를 깨달았지요(롬 7:23). '아, 이 죄는 그냥 죄가 아니라 힘을 소유한 죄였구나.' 그래서 그는 로마서에서 '죄의 법'이라는 용어를 사용했습니다. 이것은 법이 곧 힘이라는 뜻이지요. 내가 만약 교통법을 어기면 경찰관이 나를 감옥으로 데려가는 것이 아니라 도로교통법이 나를 데려가는 것이지요.

이처럼 죄가 힘을 소유하고 있기 때문에 과거의 바울뿐만 아니라 현재의 우리들까지 노골적으로 공격하고 있지요.

유다처럼 죄가 강압적으로 죄의 생각을 주입시키는 경우가 있었고(요 13:2), 하와처럼 유혹을 사용하여 서서히 죄를 짓도록 유도하는 경우가 있었지요(창 3:6). 이들 모두 죄가 법(힘)이 있기 때문에 가능한 일이 아니었나요?

그러나 얼마나 감사합니까? 우리 아버지께서 이 죄의 법을 대치할 수 있는 법을 주셨으니 말입니다. 예수님 안에 있는 생명의 성령님의 법이 죄와 사망의 법에서 우리들을 해방하셨다고 분명히 말씀하셨습니다(롬 8:2). 그럼 이제 우리는 죄의 법에 순종할 필요가 없겠지요?

죄가 아무리 안전하게 숨어 있어도, 또 그의 전략을 완벽하게 숨긴다 해도 모든 것을 아시는 하나님 앞에서는 어쩔 수 없을 것입니다(요 1서 3:20). 그렇다면 조만간 감춰 왔던 모든 악한 생각들이 벌거벗게 되겠지요(히 4:12~13).

다시 한 번 하나님께 감사드립니다. 성경 말씀을 주셔서 죄와 죄의 생각, 죄의 힘, 죄의 공격 등을 알게 해 주신 하나님께 감사드립니다. 진리를 몰랐다면 예수님을 진정으로 만나지도 못했을 것이고, 여전히 육신의 생각에 의해 날마다 고통 중에 살다가 죽었을 것이 아닙니까? 이 세상에서도 고통, 저 세상에서도 고통, 온통 고통뿐인 비참한 삶이었겠지요. 하나님께 무릎 꿇고 감사드립니다.

하나님의 말씀을 통해서 죄의 법과 죄의 생각들을 파헤치지 않고는 도저히 그들을 이길 수 없겠지요. 심리학적인 방법이나 생활습관을 교정하는 방법들을 가지고 그들을 죽일 수 있을까요? 오로지 말씀만이 가능케 하지요. 하나님의 말씀만이 그들을 죽일 수 있다는 것을 안다는 것(엡 6:17, 골 3:5), 이것이 진리가 아닌가요?

그렇다면 사단은 이 진리가 알려지지 않도록 최대한 노력하지 않을까요? 우리들은 벌써 알아 버렸는데 말이지요.

지금은 악한 생각들을 죽여야 할 때입니다(골 3:5~6). 적들이 내 안에 살고 있다는 것을 알면서 죽이지 않으면 명령 불복종의 죄를 지을 뿐만 아니라, 오히려 내가 당할 수도 있기 때문입니다.

죄악된 생각을 죽이는 방법 중 하나는 성경 말씀을 묵상하는 것이지요. 어떤 말씀도 좋습니다. 이왕이면 하나님께서 주시는 말씀을 선택하면 더 좋겠지요. 그리하여 그 말씀을 주야로 묵상하면 그것은 곧 레마가 되어 나를 보호해 줄 것입니다. 에베소서 6장에 있는 성령님의 검은 곧 일반적인 말씀이 아닌 나에게 적용되는 특별한 하나님의 말씀, 즉 레마입니다(엡 6:17).

P.S. 레마=특별한 경우에 역사하시는 하나님의 말씀

"바른 말, 곧 우리 주 예수 그리스도의 말씀과 경건에 관한 교훈을 따르지 아니하면 그는 교만하여 아무것도 알지 못하고 변론과 언쟁을 좋아하는 자니, 이로써 투기와 분쟁과 비방과 악한 생각이 나며"(딤전 6:3~4).

'악한 생각이 나며'라는 이 말씀으로 우리는 악한 생각은 드는 생각이라는 것을 알 수 있으며, 또한 그것은 주님의 말씀에 주의를 기울이지 않는 경우에 일어난다는 것을 알 수 있지요. 결국 우리가 악한 생각을 죽이는 방법 중의 하나는 예수 그리스도의 말씀을 묵상해야 한다는 것입니다.

죄가 악한 생각으로 공격할 때마다, 아니 하나님께서 그놈들의 공격을 허락하실 때마다(욥 1:12) 다만 고통스럽다고만 생각지 말아 주세요. 포커스를 그놈들에게만 맞추지 말고 대신 하나님께로 돌리시길 바랍니다.

'아, 지금이 바로 하나님께서 나에게 기도를 하라는 뜻이구나.'라고 생각하십시오. 오히려 하나님께 감사를 드리시고, 여전히 나를 지켜 주신다고 생각하시길 바랍니다. 그리하여 기도를 하거나 혹은 말씀을 주시는 경우 그 말씀을 묵상하시면 곧바로 그놈들의 공격은 사그라질 것이며 대신 영의 생각으로 우리는 이미 돌이켜지게 될 것입니다.

그렇다면 왜 죄란 놈은 우리들을 못살게 굴까요? 우리가 무슨 잘못이라도 했나요? 이는 우리가 아니라 하나님 때문이지요. 이놈은 여전히 하나님에 대해 적의를 갖고 있기 때문에(행 4:26, 살후 2:4) 육신의 생각을 무기로 자녀인 우리들을 괴롭히고 있지요. 이뿐만 아닙니다. 하나님께서 창조하신 모든 만물들을 괴롭히고 있습니다(롬 8:19~22).

자식들을 괴롭히는 것이 곧 부모를 괴롭히는 것 아닌가요? 바울은 분명 예수님이 아니라 주의 성도들을 괴롭혔음에도 예수님께서는 왜 나를 핍박하느냐고 말씀하셨습니다(행 9:4). 주의 제자들은 곧 주님 자신이셨기 때문이지요.

죄와 육신의 생각이라는 주제의 내용이 약간 딱딱하고 힘들지요? 조금만 참으세요. 항상 우유만 먹을 수는 없지 않습니까? 자, 이젠 때가 되었으니 단단한 음식도 먹어야 영적인 어른으로 성장하지 않을까요(고전 3:1~2).

사로잡는 놈은 사로잡히는 놈보다 더 큰 힘이 있어야 하겠지요(롬 7:23). 죄가 우리보다 더 큰 힘이 있기 때문에 우리들을 사로잡아 갈 수 있지요. 그렇다고 해서 우리들은 항상 앉아서 당해야만 할까요? 그럴 수는 없지요.

그 죄란 놈에게 당하는 것이 싫으면 우리는 죄보다 훨씬 더 큰 힘을 소유하든지, 아니면 죄의 힘을 죽이든지 해야겠지요. 하나님께서는 땅에 있는 지체인 죄를 날마다 죽이라고 명령하십니다(골 3:5).

그러나 우리가 이거든 저거든 잘 모른다면 성령님께 도움을 요청하는 것은 어떨까요. 왜냐하면 성령님께서는 죄의 생각을 포함한 모든 생각을 사로잡으셔서 그리스도께 복종시킨다고 하셨기 때문입니다(고후 10:5). 때가 되면 우리 아버지께서 우리들을 사로잡아 가는 놈들을 통째로 전부 때려잡으신다는 것은 아시지요?(계 20:1~3)

🦢 육신의 생각으로 인한 괴로움이 왜 나에게만 있는 것이냐고 생각지는 말아 주세요. 내 안에 있는 죄의 법은 모든 사람들에게 똑같이 적용되니까요(롬 7:17, 21, 23). 다만 다른 것은 하나님께 구하는 자들에게 처방전이 주어진다는 것이지요.

죄는 육신의 생각에 순종하면 달콤한 쾌락과 이익을 주고 거절하면 고통을 받을 것이라고 협박하지요. 허나 모세는 그리스도를 위하여 받는 능욕을 애굽의 모든 보화보다 더 큰 재물로 여겼습니다. 비록 현재 고통이 수반된다 하더라도 미래의 상 주심을 바라보았기 때문이지요(히 11:24~26).

오늘 달콤한 쾌락을 누릴까, 아니면 내일 상 주심을 바라볼까. 우리는 날마다 이 중 하나를 택하면서 살아가야 합니다. 짧은 향락보다는 영원한 상급이 더 좋지 않을까요?(시 84:10)

존 오웬은 "죄는 죄에 대한 슬픔이 없을 때 커다란 슬픔을 가져온다."고 말했지요. 이는 저지른 죄에 대한 생각의 마비가 아닐까요. 죄짓는 과정뿐만 아니라 죄의 결과까지 모두를 통째로 죄에게 맡겨 버렸기 때문이지요.

하지만 우리는 죄에게 속지 말고 베드로처럼 회개하여 다시 일어서야 합니다. 그러면 주님께서 새롭게 시작할 수 있도록 도와주실 테니까요(눅 22:61~62).

설사 하나님을 전혀 모르는 사람이라 해도 그들의 생각의 그릇 역시 하나님께서 창조하신 것이지요. 그렇다면 하나님께로 먼저 즉시 돌아와야 하지 않을까요? 진정으로 생각의 고통을 극복하려면 말입니다.

사는 게 힘들어 어느 날 갑자기 콱 죽고 싶다는 생각이 든 적이 있나요? 있다면 이것은 100% 내 생각이 아니라는 것을 알아야 합니다. 당연히 죄의 생각, 사단이 주는 생각이지요. 마치 이것이 내 생각인 양 교묘한 속임을 당할 수 있습니다.

만일 그 생각대로 좇아가면 나중에 하와처럼 일이 커져서 돌이킬 수 없는 후회를 할지도 모르지요. 정신을 놓지 말고 힘을 내어 항상 성령님께 기도하세요. 반드시 도와주실 것입니다.

다시 한 번 확인용으로 복습을 해 볼까요? 앞서 말한 세 가지 생각 중 제일 중요한 생각은 내 생각이지요. 이는 내 생각에 의해 모든 것이 좌우되기 때문입니다. 내 생각은 두 가지가 있습니다. : 드는 생각과 하는 생각.

첫째로 '드는 생각'입니다. 드는 생각은 드는 대로 좇아서 하는 생각입니다. 이 '드는 생각'이야말로 정말 조심하고 또 조심해야 하는 생각이지요.

만약 영의 생각이 들어서 그것을 좇아서 한다면 감사할 일이지요. 허나 드는 생각이 육의 생각일 경우, 그것을 따라 행한다면 매우 위험합니다. 비신자는 말할 것도 없고 신자까지도 일반적으로 육적인 생각이 더 많이 들기 때문입니다. 따라서 어떤 생각이 든다면 무조건 좇아서 행하지 말고, 그것이 영의 생각인지 육의 생각인지를 일단 조심스럽게 살펴보아야 하겠지요.

다른 것은 '하는 생각'입니다. 이것은 '드는 생각'보다는 나은 편입니다. 내 생각을 빼앗기지 않고 내가 지킬 수 있기 때문입니다. 이것 역시 내가 영의 생각을 주도적으로 한다면 은혜로운 일입니다. 그러나 사단이 역사하기도 전에 내가 먼저 육의 생각을 한다면 어떻게 될까요? 결국은 사단에게 완전히 사로잡히지 않을까요? 때문에 육의 생각이라는 확신이 들면(하나님께서 이 생각을 주실 것입니다.) 어떻게든 기도로 빠져나와 하나님의 선하신 도움으로 내 생각을 찾으시길 바랍니다. 그래야 내가 살고 가족이 살 수 있지요.

자, 이제 우리들의 큰 난관인 '드는 생각'에 대해 좀 더 파고 들어가 볼까요. 드는 생각에는 그것의 해악성과 유익성이 있지요. 그럼 하나씩 살펴보겠습니다.

드는 생각의 해악성

어느 날 갑자기 비록 짧은 순간이라도 악의 생각이 든다면 당장 물리치시길 바랍니다(벧전 5:8). 그 자리에서 말입니다. 이것은 '드는 생각'이므로 분명히 내 생각은 아니고, 또 내용이 악한 것들이므로 육의 생각이 확실하지요. 이런 것들은 초전박살을 내어 물리쳐야 합니다.

물리친다는 말은 육신의 생각이 이끄는 대로 좇아가지 않는다는 것이지요. 절대로 단 일초라도 그 생각을 좇아가면 안 됩니다. 단 일초라도 말이지요. 잠시라도 그들에게 기회를 주면 조만간 또 공격할 것이고, 이것이 반복이 되면 점점 나도 모르게 좇아가는 시간이 길어질 것입니다. 결국은 악한 생각의 지배를 당하여 죄를 짓게 될 수도 있지요.

혹시 무의식중에라도 이런 일이 발생하면 그 즉시 기도하세요. 빨리 빠져나올 수 있도록 말이지요. 하나님께서는 급한 일은 급하게 도와주십니다.

 **드는 생각의 유익성**

혹시 드는 생각이 성령님께서 주셨다는 것이 확실하면 반드시 순종해야 합니다. 시급한 것은 시급하게 순종해야 하지요.

다만 사단이 천사를 가장한 경우가 문제이지요. 뭔가 확실하지 않으면 기도를 하면서 확인해야 할 것입니다. 또한 내 안의 영이 불안한지 아니면 평안한지도 관찰해야 합니다. 그러다 영의 생각이라는 확신이 들면 내 생각을 주도적으로 사용하여 순종해야 합니다. 하나님께서 나에게 생각을 주신 이유가 바로 이때를 위함이 아닐까요?(에 4:14)

이 책의 주제인 '내 생각 내가 지킨다'는 것은 악한 생각이 들 때 내 생각이 그것을 좇아가지 않는다는 것을 의미합니다. 이 진리 하나만 알아도 많은 도움이 되지 않을까요. 좇아가지 않는다는 진리 말입니다.

악한 생각의 공격을 물리치기 위한 방법으로, 존 오웬은 악의 생각이 들 때 다른 생각을 함으로써 극복할 수 있다고 했지요. 반면에 아놀드 하인리히는 그것이 아무런 도움이 되지 않는다고 했습니다.

이 문제로 한동안 묵상을 했는데 오늘에야 드디어 하나님께서 빛을 주셨지요. 즉, 초기단계에서는 우리가 악한 생각을 쉽게 떨쳐 버릴 수 있으므로 존 오웬의 의견에 따라야 하지만, 후기단계에서는 좀처럼 떨치기가 쉽지 않으므로 존 오웬의 방법이 적절하지 않다고 아놀드는 지적했지요.

어떤 생각의 공격이 초기단계인지를 어떻게 알 수 있나요? 간단하게 알 수 있는 방법은 그 생각의 내용이 처음이고 새로운 것인지를 보면 알 수 있지요.

비록 새로운 생각의 공격이라 해도 때로는 잘 떨쳐지지 않을 때는 어떡하나요. 그때는 하나님의 말씀을 묵상하거나 기도를 하면 됩니다. 성령님께서 인도하시는 대로 하십시오. 기도의 경우 마귀를 꾸짖고 대적하는 기도를 해야겠지요(막 9:25, 벧전 5:8~9). "나사렛 예수 그리스도의 이름으로 명하노니 당장 물러가라. 다시는 얼씬거리지 말지어다!" 그러면 악의 생각은 떠나고 그리스도의 평강이 오게 됩니다(골 3:5).

그러면 초기단계임에도 잘 떨어지지 않는 건 왜일까요? 이유는 아마 나도 모르게 그놈이 주는 생각을 무의식적으로 좇아갔기 때문이지요. 이것은 내가 살아오는 동안 그렇게 훈련을 받아 육의 생각에 익숙해져 왔기 때문입니다. 일상 속에서 삶의 훈련이란 얼마나 중요한지요!

후기단계에서는, 생각의 공격과 그에 따른 고통도 한동안 진행되었을 것이므로 치료하는 데 적잖은 시간을 필요로 하지 않을까요? 먼저 어떤 종류의 생각인지 원인을 파악해야 할 것입니다. 그 다음 하나님의 은혜와 말씀으로 서서히 치료해야겠지요. 우리 몸에 있는 만성적인 질병의 치료도 이와 유사하지 않나요?

결국 후기단계란 죄와 싸우되 피 흘리기까지 대항하는 단계(히 12:4), 즉 처절한 영적 싸움의 단계이지요. 또한 이제는 내가 죄의 생각을 마음밭에 착상하도록 허락할지 아니면 여전히 물리쳐야 할지를 결정해야 하는 단계입니다. 다시 말해 내가 여전히 싸운다면 그만큼 고통은 심할 것이나 끝까지 견디고 싸우면 성령님께서 승리를 주시는 단계가 되고, 싸움에 지쳐 포기한다면 내 마음밭에 착상하도록 허락하는 단계가 되지요.

만약 허락하면 이제 죄의 생각은 마음밭에 심겨져(잉태되는 단계) 성장하여 죄를 출산하게 됩니다(출산하는 단계). 이러한 죄들의 출산이 계속되면 후에 장성하여 결국 사망을 낳게 됩니다(약 1:15). 이 과정을 쉽게 표현하면 초기단계 → 후기단계 → 착상 → 잉태 → 출산 → 사망의 단계가 되지요.

이 과정에서 가장 중요한 것은 생각의 단계인 초기와 후기단계입니다. 아무리 힘들어도 이 단계에서 우리가 생각을 지켜야 죄를 짓지 않고 생명을 지키는 것이 됩니다. 이것이 바로 "무릇 네 마음을 지키라. 생명의 근원이 이에서 난다."고 하신 잠언의 말씀이지요(잠 4:23).

어떤 성도가 하루 종일 열심히 자기 사업에 대한 생각만 하고 하루를 보냈습니다. 그렇다면 그가 한 생각은 육의 생각 혹은 영의 생각 중 어느 것일까요.

이것의 정답은 중심을 보시는 하나님만이 아시겠지요. 다만 그의 열매로 그들을 아신다고 하셨으니(마 7:20) 그 사업에 대한 열매가 자신의 이익만을 위한 것인지, 아니면 주님을 위한 것인지 훗날 열매를 보면 알 수 있지 않을까요.

주도적으로 먼저 죄를 질 생각을 했다면 거기에는 그럴 만한 이유가 있었을 것입니다. 아마도 오랫동안 죄가 서서히 유혹하여 그 죄의 생각을 심어 왔을 것입니다. 그리하여 이제는 그 생각의 씨앗이 잉태되고 자라서 출산에 가까웠기 때문이 아닐까요?(약 1:15) 이 진리를 깨달았다면 미리 막아야겠지요. 내 생각은 내 것이므로 내가 지켜야 하겠지요.

"내 생각 내가 지킨다." 아, 이 얼마나 중요한 말인가요. 내 생각은 곧 내 생명이니까요.

"이러므로 하나님이 그를 지극히 높여 모든 이름 위에 뛰어난 이름을 주사 하늘에 있는 자들과 땅에 있는 자들과 땅 아래 있는 자들로 모든 무릎을 예수의 이름에 꿇게 하시고 모든 입으로 예수 그리스도를 주라 시인하여 하나님 아버지께 영광을 돌리게 하셨느니라"(빌 2:9~11).

이 세상 그 누가 주의 이름을 두려워하지 아니할 자가 있을까요(계 15:4). 내 안의 죄나 악한 생각 따위가 감히 예수님의 이름을 두려워하지 않고 깝죽거릴 수 있을까요. 항상 주의 이름을 불러야겠지요. 예수 그리스도의 이름으로 모든 악한 생각의 화전을 물리치는 것은 매우 성경적입니다(요 14:13~14, 엡 6:16).

만약 내가 하나님의 말씀을 묵상하는 훈련이 되지 않았다면 그만큼 악한 생각의 공격에 틈을 보이고 있다는 의미입니다.

오늘날 그 누가 육신의 생각에 굴복함으로써 얻게 되는 이익과 쾌락을 물리칠 수 있을까요? 그럼에도 성경의 선진들, 하나님의 사람들은 해냈습니다(히 11:1~38). 우리도 이 반열에 들도록 분투해야 하지 않을까요. 더 늦기 전에.

마음(heart)은 지성(생각), 의지, 정서, 양심 등으로 구성되어 있습니다. 마음은 도덕적 활동의 원리로서 선한 것 혹은 악한 것이 흘러나오고 있지요(눅 6:45). 사람의 마음은 누구도 정말 파악할 수 없는 기관입니다. 그렇다면 정말 조심해야 하질 않겠습니까. 내 마음뿐만 아니라 어느 누구의 마음도 알 수 없으니까요.—조석변개(朝夕變改).

P.S. 조석변개(朝夕變改)는 아침저녁으로 뜯어고친다는 뜻으로, 계획이나 결정 따위를 일관성 없이 자주 고치는 것을 가리키지요.

성경은 악한 생각과 온갖 더러운 것들이 마음에서 나온다고 하였습니다(마 15:18~19). 이유는 죄의 법, 죄의 생각이 마음 안에 있기 때문이지요. 죄는 우리의 기관 중 가장 안전한 곳인 마음속에 꼭꼭 숨어 있어서 찾아내기가 불가능하지요.

그럼에도 하나님께서는 그 마음속을 훤히 꿰뚫어 보실 수 있는 분이지요(행 15:8, 히 4:12~13). 지금 내 마음의 상태가 어떤지 하나님께 여쭤봐야 하지 않을까요? 그러면 주님께서는 우리에게 어떤 방법으로든 해답을 주실 것입니다.

"모든 지킬 만한 것 중에 더욱 네 마음을 지키라 생명의 근원이 이에서 남이니라"(잠 4:23).

마음밭에는 악한 생각, 선한 생각, 영의 생각 등 여러 종류의 생각이 심겨지고 잉태되기도 하겠지요. 진정으로 생각의 씨앗들을 주의 깊게 관찰하여 마땅히 마음밭에 심겨질 것만, 즉 하나님의 말씀만을 받아들이도록 해야겠지요. 여기에서 생명이 나오니까요.

하와의 죄로 말미암아 모든 사람에게는 원죄라는 놈이 마음밭에 심겨지게 되었지요. 다윗이 밧세바와 동침한 후 회개하면서 쓴 시편에, 내가 죄악 중에 출생하였다고 한 말이 바로 이것입니다(시 51:5).

이놈의 원죄(Sin, 대문자)인 여왕벌이 날마다 생산해 내는 죄들(sins, 소문자) 또는 죄의 생각들이 일벌인 셈이지요. 우리가 성령님의 도우심으로 일벌들을 꽉꽉 밟아서 죽일 수는 있지만, 여왕벌인 원죄는 평생 우리와 함께 해야 한다는 사실이 정말이지 얄밉다 싶네요.

생각의 결과는 기억(memory) 또는 추억으로 남게 됩니다. 좋은 생각은 좋은 추억으로, 나쁜 생각은 잊고 싶은 기억으로 남게 되지요.

"너희는 이전 일을 기억하지 말며 옛적 일을 생각하지 말라"(사 43:18). 하나님께서는 이스라엘 백성들에게 애굽의 괴로운 일들을 기억하지 말라고 하십니다.

악한 영들은 나쁜 기억들을 생각나게 하여 우리들의 생각을 갈취하길 원하고 고통 속에 빠지길 원하지요. 허나 하나님께서는 분명히 말씀하십니다. 이전 일을 기억하지 말라고.

하나님께서는 "내 생각은 너희 생각과 다르고 내 생각은 너희 생각보다 높다."고 하셨습니다(사 55:8~9).

내 생각은 너희 생각과 다르다고 말씀하셨을 때, 하나님의 생각은 영의 생각이고 내 생각은 육의 생각이라는 뜻이지요. 내 생각이 너희 생각보다 높다고 하셨을 때는 육의 생각보다 영의 생각이 높다는 말씀이에요. 결국 우리는 하나님의 생각에 따라가야 한다는 말씀입니다.

중국 당나라 때 관리등용 시험에서 사람됨을 평가하는 기준은 신언서판(身言書判)이었지요. 신(身)은 외모 및 풍채가 늠름해야 하고, 언(言)은 말을 정직하게 해야 하며, 서(書)는 글을 잘 써야 하고, 판(判)은 문리가 익숙해야 한다는 의미이지요.

여기서 제일 중요한 것은 그들의 마음, 생각에 관한 것이지요. 그래서인지 어느 회사에서는 면접시 얼굴만 보고 결정했다고 하지요. 단지 외모만을 따지는 것이 아닌 그 사람의 정신을 판단할 수 있는 것 말입니다. 얼은 정신이요 굴(꼴)은 굴곡(모양)이니 얼굴은 보이지 않는 생각을 나타내는 것이 아닐까요.

예수님의 제자가 되는 첫 번째 조건은 자기를 부인하는 것이지요(마 16:24). 여기서 자기란 자기의 생각을 가리키고 옛 본성, 즉 육의 생각을 좇아가는 내 생각을 가리키지요. 육의 생각이 들어서 좇아가든, 내가 능동적으로 먼저 육의 생각을 좇아가든 육신을 좇아가면 안 된다는 말이지요.

참 신기하지요. 죄를 지으면 더 짓고 싶은 성향이 생기는 것 말입니다. 한번 도둑은 영원한 도둑이 된다는 말이 있지요. 그럼 하나님의 은혜는 어떤가요. 은혜를 사모하면 할수록 더욱 더 은혜를 바라게 되지 않던가요. 예수님께서는 무릇 과실을 맺는 가지는 더 과실을 맺게 하신다고 말씀하셨지요(요 15:2). 이는 어느 쪽이든 내 생각은 혼자서 하는 것이 아니기 때문이지요.

사단이 미혹의 생각으로 하와를 공격했어도 하와의 생각이 동조하지 않았다면 결코 죄를 짓지 않았을 것입니다. 오늘도 죄는 생각을 통하여 유혹하지만 우리가 강력히 거부하면 죄는 물러가지요.—날마다 기억해야 할 일!

죄가 마음 안에 안전하게 꼭 숨어 있다는 것 아시지요? 그럼 우리는 어떤가요. 안타깝게도 우리의 생각은 적에게 노출되어 그들이 쉽게 드나들 수 있게 되었지만, 정작 중요한 우리의 생명은 그리스도와 함께 하나님 안에 감추어졌지요(골 3:3).

아, 이 얼마나 감사한 일인가요. 온 우주천지의 하나님께서 우리의 생명을 아버지 품 안에 감추어 두셨다니요. 그렇다면 이 세상에서 그 누가 감히 우리의 생명을 건드릴 수 있을까요(롬 8:31).

이렇듯 무엇보다 중요한 것이 생각이므로 하나님께서는 생각해야 할 것과 생각지 말아야 할 것들을 성경에 자세히 기록하셨지요.

"위엣 것을 생각하고 땅엣 것을 생각지 말라"(골 3:2). 하나님의 명령. 위엣 것은 영의 생각이고 땅엣 것은 육신의 생각입니다.

성경은 구약 39권, 신약 27(3×9=27)권으로 전체가 66권이지요. 과거에 저는 성경 중에서 45번째 책인 로마서가 적어도 저에게는 매우 중요하다고 생각했지요. 로마서는 전체 16장으로 되어 있는데, 이 중 6, 7, 8장이 하이라이트가 아닌가 생각하여 열심히 읽었지요. 그때는 뜻도 잘 모르는 상태에서 읽곤 하였는데 이젠 어느 정도 이해가 가서 다시 보고 있지요.

로마서 6, 7, 8장은 오늘날 우리가 느끼는 생각의 고통을 똑같이 느꼈던 바울의 경험담이므로 많은 도움을 주는 말씀이지요. 이 세 장은 생각의 장입니다. 힘들어도 한 번 더 읽어 보심이 어떨지요. 적극 추천합니다.

하나님께서는 우리가 이방인으로 있을 때에 말 못하는 우상에게로 끄는 그대로 끌려다녔다고 하신 후 성령님의 12가지 은사에 대해 언급하셨습니다(고전 12:2). 이것은 사단의 생각에 끌려다니지 않기 위해서는 성령님의 은사가 필요하다는 말씀이지요. 왜냐하면 모든 신령한 은사들은 육적인 생각을 물리치기 때문입니다(갈 5:16~17).

어찌 보면 그냥 물결 따라 사는 것이 편할지도 모르지요. 이러한 삶은 본성에 따른 삶이고 육신의 생각이 이끄는 대로 사는 삶이지요. 사실 영의 생각에 맞춰 사는 삶은 분투해야 하는 삶이므로 몸은 지치고 힘이 들 것입니다.

허나 어쩌겠습니까? 저 영원한 본향인 하늘나라의 큰 소망을 가지려면 참을 수밖에요(롬 8:25). 조금만 더 기다리면 우리 주 예수님께서 오셔서 우리들을, 분투노력했던 우리들을 위로하실 것이 아닙니까(살전 4:13~18).

 여기서 잠깐 쉬어 가는 의미로 몇 가지 퀴즈를 낼까 합니다.

우리들에게 향한 하나님의 뜻은 몇 가지가 있을까요?

답 세 가지—선하신 뜻, 기뻐하시는 뜻, 온전하신 뜻(롬 12:2).

이러한 하나님의 뜻을 올바로 파악하려면 어떻게 해야 하나요?

답 내 생각을 육적인 생각에서 영적인 생각으로 바꾼다.

어떠한 방법으로 말인가요?

답 하나님의 말씀으로.

바울은 정말 오늘날 우리들의 삶을 잘 표현했지요. 만일 그리스도 안에서 우리가 바라는 것이 다만 이생뿐이면 모든 사람 가운데 우리가 더욱 불쌍한 자이리라(고전 15:19). 이 세상 살면서 누구는 안락한 삶을 누리고, 누구는 오지에서 위험을 불사하고, 누구는 생각과의 전쟁으로 지쳐 있으니 너무 불공평하다고 생각하지는 않나요?

허나 우리들은 바라는 소망이 있어서 어떤 것도 이겨 낼 수 있지요(롬 8:24). 더구나 도와주시는 보혜사 성령 하나님까지 우리 안에 계시니 무슨 말을 더할 수 있을까요.

하나님께서는 우리에게 아무것도 염려(念慮)하지 말라고 하셨지요(빌 4:6, 벧전 5:7). 한자 사전에서 보면 염(念)은 생각이란 뜻이고, 려(慮)는 생각하다는 뜻이지요. 즉, 생각에 생각이 계속 꼬리를 물고 이어진다는 의미가 됩니다. 우리에게 드는 생각의 85%는 부정적인 생각이므로 염려는 죄가 주는 생각을 계속 좇아간다는 뜻이 되지요.

하나님께서 하지 말라고 하시는 것을 하면 죄가 되고, 또 우리가 순종할 수 있기 때문에 하지 말라고 하셨다는 것을 기억해야겠지요 (막 9:23).

4세기경 죄의 생각으로부터 나오는 육체의 욕망을 물리치려는 수많은 고행자들의 이야기를 살펴보면 정말 다양합니다. A.D. 300년경에 태어난 성 마카리우스 2세는 6개월 동안 늪 속에서 발가벗고 지내다가 모기에 너무 많이 물려서 문둥병 환자와 같은 모습이 되었다지요. 성 아셉시마스는 온몸을 쇠사슬로 묶고 손과 발을 사용하여 기어 다녔다 합니다. 수도승인 베사리온은 그의 육신이 편안히 잠자는 것조차 허용하지 않으려고 40년 동안이나 누워서 잠을 자지 않았다고 하지요. 어떤 고행자들은 동굴이나 야수의 굴, 물이 없는 우물, 심지어 무덤가에서 살기도 하였답니다.

이런 사람들 중에 유명한 마틴 루터가 있었다는 것은 정말 놀랄 일이지요. 루터는 아무리 고행을 해도 마음속에서 일어나는 욕망을 어쩔 수가 없어서 하루에 50번이나 신부를 찾아가 고해성사를 하였다지요. 그는 또한 고행하면서 기도해야 한다는 이야기를 듣고서 눈밭에서 뒹굴며 밤새워 기도하기도 하였고, 예수님께서 빌라도를 만날 때 오르셨던 계단을 맨 무릎으로 피가 철철 나도록 올라가기도 하였답니다. 이러한 많은 고행에도 불구하고 그는 마음속에서 일어나는 죄와 정욕을 제거할 수가 없었습니다. 그는 결국 성경 말씀을 통해 깨달음을 얻고 구원을 받아 종교 개혁이라는 커다란 역사를 이루게 되었지요.

육체로부터 나오는 악한 생각은 육체의 수난과 고행을 통하여 제거할 수 있는 것이 아닙니다. 그것은 하나님 말씀의 지식을 획득한 후 성령님의 도우심과 함께 영의 생각을 통하여 제거될 수 있습니다(롬 8:13). 그 당시 고행자들은 왜 이런 참된 진리를 깨닫지 못했을까요? 그들의 마음을 혼미케 하여 보지 못하게 하는 사단의 속임 때문이지요(고후 4:4).

오늘 하루 나의 삶은
누가 지배했을까

바람은 오직 하나

살아 계신 아버지여,
제가 주를 사랑하나이다.
주께서 또한 제가 사랑하는 줄 아시나이다.

아버지의 은혜로 벌써 여기 3장까지 왔나이다.
어떻게 여기까지 달려왔는지는 모르오나
아버지의 생각과 함께 달려온 것만은 분명하나이다.

지금까지 인도하여 주신 성령 하나님,
여기 3장에서도 인도하여 주사
하나님의 생각만을 기록할 수 있게 하소서.

내 생각은 하나님의 생각만을 따르게 하사
예수 그리스도 제자도의 참된 의미를 알게 하소서.

지금까지의 모든 글은 아버지의 생각이오니
이 글을 읽는 모든 사람들을 역사하사
순간마다 생각의 자유를 누리게 하시고 아버지의 참 평안을 깨닫
게 하소서.

그리하여 그들이 이 세상 떠나는 날
아버지의 생각만이 온 우주 가운데 유일한 생각이었다고 고백하
게 하소서.

살아 계신 아버지여,
이것이 저의 유일무이한 바람이옵나이다.

– 최정길

어떤 생각을 지속적으로 하다 보면 그 생각이 내 생각을 지배하게 되고 결국 나 자신 전체를 지배하게 됩니다. 이 세상에 사는 모든 사람들은 부지불식간에 둘 중 하나에 의해 지배를 받게 되지요.—죄의 지배 또는 하나님의 은혜의 지배. 육의 생각을 하면 죄가, 영의 생각을 하면 하나님의 은혜가 나를 지배하는 삶이 되지요.

비신자는 일생 동안 죄의 지배를 받으면서 살지만, 신자는 죄와 은혜의 지배를 동시에 받기 때문에 분투하면서 살아가지요. 생각의 지배는 곧 삶의 지배입니다.

하나님의 은혜가 나를 지배케 하려면 영의 생각을 해야 합니다. 영의 생각은 하나님의 은혜가 있어야 가능하지요. 그러면 영의 생각은 다시 하나님의 은혜로 이끌게 됩니다. 처음부터 끝까지 하나님의 은혜입니다. 믿음이 믿음을 이끌듯이(롬 1:17) 은혜가 은혜를 이끌게 된다는 말이지요.

저는 개인적으로 TV 토크쇼나 오락 프로그램 등은 거의 보지 않습니다. 왜냐면 그것들을 보면 그들의 생각에 내 생각이 빠지는 것 같고 점점 그들을 좇아가는 것 같기 때문이지요. 이것이 반복되면 내 생각을 빼앗기는 훈련이 되지 않을까요? 무의식적으로 말입니다. 그리하여 결국은 그들의 지배를 받게 될 것 아닌가요.

정말 정신 차려야 할 일이 너무도 많은 것 같군요. 참 사단은 세상 시스템을 자기에게 유리하도록 꾸며 놓았다는 것을 여기저기서 느끼지요. 이 짧은 세상 사는데 할 일은 많고 저 하늘나라를 위해서는 조금도 준비할 틈을 주지 않도록 만들어 놓았군요.

생각은 한 번에 하나씩만 하도록 되어 있습니다. 그 시간에 그 것을 생각하면 그것의 지배를 받게 되겠지요. 이 글을 쓰고 있는 동 안만은 적어도 저는 분명 영의 지배를 받고 있다는 생각이 드는군요. 마찬가지로 이 글을 읽고 계시는 당신도 똑같이 영의 생각 안에 있지 않을까요?

17세기 영국의 물리학자이며 천문학자인 아이작 뉴턴의 일화 중 다음과 같은 이야기가 있지요.

어느 추운 겨울날 난로 옆에 있었던 뉴턴이 너무 더워 견딜 수가 없어서 하인을 불러 난로의 불을 끄라고 지시하였어요.

그러자 그 하인이 말하길, "박사님, 의자를 뒤로 빼면 됐을 텐데 왜 그리하지 않으셨나요?" 그러자 뉴턴은 놀라면서 다음과 같이 말했지요. "아, 그런 방법이 있었군요."

우리의 생각은 진정 한 번에 하나씩만 하도록 되어 있질 않나요? 영의 생각을 하는 동안에는 육의 생각을 할 수 없도록 되어 있지요.

1장에서 언급한, 미국 유학한 청년에 대해 살펴볼까요. 그 청년이 미국에서 귀국 후 한동안 컴퓨터 게임에 빠졌다지요. 그 게임은 폭력적인 게임이었습니다. 게임하는 동안 사단은 생각을 주입하면서 서서히 그 청년의 생각을 지배하였을 것입니다. 그러다 때가 되어 죄를 짓도록 압력을 가했겠지요.

그렇다면 지금 내가 하고 있는 일이 누구의 지배를 받고 있는 일인지 한 번 더 확인해 봐야 하지 않을까요.

죄는 어떤 사람에 대하여 열심히 연구한 끝에 어느 주제, 즉 어떤 종류의 생각의 무기를 사용할지 결정할 것입니다. 일단 결정하면 이제 공격을 감행하겠지요. 허나 여러 번 시도했음에도 그 사람의 허락이 없다면 결국 그 무기는 무용지물로 끝나겠지요. 그러면 또 다른 종류의 무기에 대해 연구하겠지요.

그러다 만약 조금이라도 효과를 보게 되면 이젠 좀 더 강하게 공격할 것입니다. 이런 것들이 반복되면 점점 그 사람을 지배하게 되는 단계에 이르게 됩니다. 이래서 나온 말이 초전박살이 아니겠습니까? 아무리 견디기 힘들어도 초장부터 적에게 진을 내주면 안 되겠지요.

한 몸에는 한 생각이 있지요. 우리가 그리스도의 몸 안에 있는 지체들이라면(고전 12:20) 온 지체는 그 생각을 따라야 하고 그 생각의 지배를 받아야 할 것입니다.

앞에서 언급한, 일본 스님이 쓰신 생각의 책은 버려야 할 생각에 대한 글이지요. 생각은 버려야 할 생각이 있고 버리지 말고 취해야 할 생각이 있습니다. 그럼에도 그분은 말하길, 내 생각은 버려야 한다고 했지요. 허나 그것은 버릴 생각이 아니지요. 그렇다면 버려야 할 생각은 무엇인가요? 그것은 내 생각이 아닌, 드는 생각일 것이고 악한 생각, 육체의 생각이지요.

만일 죄의 힘이 얼마나 큰지를 느끼지 못하고 살아간다면 그것은 분명 죄의 지배하에 있다는 증거입니다(롬 6:15~16). 죄의 지배는 곧 그들의 생각의 지배입니다.

때로는 감정이 생각을 통째로 지배하는 경우가 있지요. 분노의 영은 우리가 이성을 갖고 생각을 하기도 전에 모든 것을 삼키기도 합니다. 사단은 생각의 공격과 지배가 생각대로 잘되지 않으면 분노를 폭발시킴으로써 목적을 달성시키기도 하지요.

아시나요. 첫 번째 살인은 분노로부터 출발했다는 것을. 자세히 살펴보시지요. 언제나처럼 오늘날도 똑같을 테니까요.

분노에는 두 종류가 있습니다. 하나는 부정적으로 분을 내는 화(anger)가 있고, 주님처럼 의로운 분노인 의분(義憤, indignation)(막 3:5, 요 2:13~17)이 있지요. 일반적으로 말하는 분노는 화를 가리키지요. 화와 의분의 차이점은, 우리가 화를 내게 되면 마귀가 틈을 타서 큰 죄를 짓도록 유도한다는 것이고(엡 4:27), 의분의 경우는 마귀를 향한 분노이므로 마귀가 틈을 탈 수 없다는 것이지요.

죄와 육신의 생각에 대해 오늘 하루 얼마나 의분을 표출했나요?

분노는 갑작스런 분노와 오랫동안 생각을 서서히 지배해 온 분노가 있지요. 하나님께서는 전자에 대해서는 죄를 짓지 말라고 하셨으며, 후자에 대해서는 해가 지도록 분을 품지 말라고 하셨지요(엡 4:26). 결국 모든 부정적인 분노는 죄의 생각 중 하나인 일벌로써 우리에게 독을 쏘아 죽이려는 악이 아닙니까?(약 3:8) 결국 다음 공식이 성립되지요. 분노=악.

특히 갑작스런 분노는 정말 조심해야 합니다. 예를 들어 어떤 사람이 주차 문제로 생각지도 않았던 살인을 저질러서 뉴스에 보도된 적이 있었지요. 사단은 우리들의 삶을 복잡하게 만들어 예기치 않은 일로 죄를 저지르게 만드는 놀라운 기술이 있지요.

아담의 범죄 이후 첫 번째 살인은 가인의 분노로부터 출발했지요(창 4:8). 하나님으로부터 책망을 들은 가인은 회개하기는커녕 오히려 아벨에 대한 분노를 간직한 채 지냈습니다. 죄는 가인에게 분노를 주었으며 한동안 그의 생각을 온전히 지배하고 있었지요. 이러한 생각의 지배를 성경은 악한 자에게 속하였다고 기록했습니다(요1서 3:12).

결국 사단이 만들어 준 기회가 오자 가인은 아벨을 죽였지요. 사단은 생각의 지배가 성공하면 다음 순서인 죄의 실행을 위해 아주 좋은 기회를 만들어 주지요. 정말 완벽하지 않습니까. 사단의 전략 말입니다. 그것을 알기 전에는 항상 당할 수밖에 없지요.

허나 말씀을 통하여 그것들의 전략을 깨우치면 승리할 수 있지요. 말씀 공부는 진정 날마다 배우고 깨우쳐야 할 의무이지요. 무슨 일이 있어도.

성경에 지적된 바와 같이 분노는 아예 처음부터 내지 않는 것이 좋지요. 에베소서 4장의 '분을 내어도'라는 말 자체도 역설적인 표현으로서 분을 내지 말아야 함을 의미하지요(엡 4:26, 31). 모든 분노의 뒤에는 마귀가 때를 기다리고 있으니까요(벧전 5:8).

노아의 홍수사건 이후 사람들은 고기를 먹기 시작했지요(창 9:3). 분명히 하나님께서는 고기를 먹되 피째 먹지 말라고 하셨는데도(창 9:4) 요즘 사람들은 웰던(well-done)보다는 레어(rare) 상태로 덜 익혀 먹는 것을 좋아하지요. 보다 부드럽다고 말하면서요. 그러니 동물의 피가 내 몸의 일부가 되어 동물처럼 참을성이 없게 되고 분노가 쉽게 일어나게 되지요.

왜 꼭 모든 사람들은 하나님의 명령에 반대로 하고 싶어 할까요? 문신하지 말라면(레 19:28) 더 하고 싶어 하고, 술 취하지 말라면 더 마시고 싶어 하고 말입니다(롬 13:13, 엡 5:18). 이것을 아는 사단이 가만히 있겠어요? 더 신나게 부추기지 않을까요. 하나님을 향한 대적이 그들의 최종 목적이니까요.

혹시 하나님께서 왜 우리들의 먹는 문제까지 일일이 간섭하셨는지를 곰곰이 생각해 본 적이 있나요? 하나님의 모든 말씀은 다 이유가 있지요. 우리를 만드신 분이니까요.

조용기 목사님께서 쓰신 책 중에 다음과 같은 글이 있지요. "영국의 해부학자인 존 헌트 박사는, 분노는 자살하는 것과 같다고 말했지요. 어느 날 그는 의학회 논문 발표 후 토의를 하였는데 너무 분노하여 갑작스런 심장마비로 죽었다고 합니다."

분노의 위험성을 경고한 헌트 자신이 결국 분노로 인해 죽었다는 것은 아이러니하지 않은가요. 역시 분노는 다루기 힘든 악한 영의 생각이 아닐까요? 그러나 아무리 다루기 힘든 영이라 해도 하나님 앞에서는 아무것도 아니에요. 성령님의 도우심이 있으면 쉽게 처리할 수 있지요.

비신자들이 제일 좋아하는 성경 말씀은 잠언이라고 하더군요. 지혜의 말씀이니까요. 바로 그 잠언의 말씀입니다. "노하기를 더디 하는 자는 용사보다 낫고 마음을 다스리는 자는 성을 빼앗는 자보다 나으니라"(잠 16:32), "노하는 자는 다툼을 일으키고 분하여 하는 자는 범죄함이 많으니라"(잠 29:22).

아무리 성을 빼앗아 봤자 무슨 소용이 있나요? 마음을 다스리지 못해 노하고 분하게 되면 결국 사단에게 생각을 빼앗기게 되어 모든 것을 다시 잃을 수도 있으니 말입니다. 사단에게 틈을 주지 않으려면 진정 노하기를 더디 하도록 기도해야겠군요.

우리의 삶에서 분노의 생각이 예기치 않게 밀려올 때 어떻게 감당해야 하나요? 먼저 이런 문제로 공격당하지 않도록 미리 하나님께 날마다 기도해야겠지요(마 6:13). 저는 매일 아침 일어나기 전에 기도를 할 때 이런 것도 구합니다. 시험에 들지 말게 하옵시고 악에서 오늘도 구하여 주시옵소서.

첫째, 갑자기 화가 막 치밀면 그것에 좇아가지 말고, 아무 말도 하지 마시길 바랍니다. 여기서 정말 중요한 것은 분노의 생각을 좇아가면 안 된다는 것이지요. 만약 그 생각을 좇아가면 분노의 공격에 당한다는 의미이지요. 필요하다면 잠깐 그 자릴 피하는 것도 좋겠지요. 성경은 분노가 지나갈 때까지 밀실에 들어가 잠깐 숨으라고 하였습니다(사 26:20).

둘째, 그 다음 분노의 영이 내 생각을 빼앗으려고 공격한다는 사실을 깨달아야 합니다.

셋째, 짧게나마 마음속으로라도 하나님께 기도하여 도움을 청하시길 바랍니다. '아버지여, 도와주소서.'

분노는 한쪽에서 먼저 시작하지만 결국은 쌍방 간에 동시에 일어나도록 만들지요. 상대방이 아무리 분노로 말하여도 내가 안정한 심령(벧전 3:4) 상태를 유지하면, 나에게 왔던 분노의 공격은 사그라질 것입니다. 그러면 상대방도 역시 안정된 모습으로 대하겠지요. 그러면 이제 분노의 원인을 대화로 풀고 정상적인 생활로 돌아갈 수 있을 것입니다.

특히 부부와 부모자녀처럼 가족 문제 등은 정말 조심해야 합니다. 사단은 남들과의 문제가 아닌 가족 간의 문제에서 단 한 번의 공격으로 여러 가지 목적을 동시에 얻을 수 있다는 것을 잘 알지요. 때문에 가족은 제일 좋은 공격의 대상이 되고 여기에 분노를 사용합니다. 이 진리를 안다면 그 수법에 넘어가지 않도록 조심해야겠지요?

요즘 정말 막말하는 사람들이 많아졌어요. 노인들, 어른들, 젊은 청년들, 어린 학생들 누구를 막론하고. 이처럼 참지 못하는 세태에 사단이 분노의 생각을 막 집어넣고 있는 것이 보이질 않습니까? 그 자리만 피하면 분노의 영을 죽일 수 있는데도 말이지요.

전쟁에서 승리를 거둔 초(楚)나라 장왕(莊王)이 어느 날 밤에 문무 백관들을 불러서 연회[절영지회(絕纓之會)]를 베풀었습니다. 잔치가 한참 무르익어 갈 때 갑자기 센 바람이 불어와 모든 등불이 꺼졌는데 왕의 애희(愛姬)가 비명을 질렀어요. 한 신하가 그녀의 몸을 만지고 희롱했기 때문이지요. 그녀는 얼떨결에 그 신하의 갓끈을 떼어 낸 뒤 왕에게 고했지요. "전하, 등불을 켜서 갓끈이 없는 자를 잡아 주십시오." 등불이 켜지면 왕의 애첩을 희롱한 자가 누구인지 드러날 상황이었어요. 그러나 왕은 모든 신하에게 불이 켜지기 전에 갓끈을 떼어 내라고 명령했지요. 결국 다시 등불을 켜도 애첩은 누가 자기를 희롱했는지 알 도리가 없었습니다.

3년 후 초나라와 진(秦)나라 사이에 전쟁이 벌어졌지요. 이때 초나라가 매우 위태한 지경이 되었는데, 한 장수가 일어나 군사들을 이끌고 진나라 군사들을 크게 무찔러 대승을 거두었습니다. 그 장수의 이름은 장웅(蔣雄)이었지요. 이 소식을 들은 초나라 장왕은 너무 궁금하여 그 장수를 불러서 자초지종을 물었지요. "나는 그대에게 특별히 잘해 준 것도 없는데 왜 목숨을 걸고 싸웠는가?" "소인은 그 옛날 잔치에서 폐하의 애첩에게 무례를 범하였습니다. 그날 폐하의 관용과 온정에 너무 감격하여 목숨 바쳐 은혜를 갚으려 했을 뿐입니다."

위 이야기는 분노를 잘 참아 나라를 구한 중국 춘추전국시대 고사 중 하나로서, 많이 알려진 이야기이지요.

옛날엔 꿩 한 마리만 잘 잡으면 꿩도 먹고 알도 먹던 시절이 있었지요. 허나 요즘은 꿩을 본 지도 오래되지 않았나요. 그럼 꿩 대신 분노라는 새를 잡으면 어떨까요(마 13:4, 계 18:2). 이것 한 마리만 잘 잡으면 나도 살고 내 가족, 내 이웃이 평안하게 잘살게 되지 않을까요.

악한 생각의 지배를 이기는 방법 중 하나는 에녹을 보면 알 수 있지요. 에녹은 구약시대의 선진으로서 그 안에 죄는 있지만 성령님은 아직 계시지 않은 상태였습니다. 그럼에도 그는 죽음을 보지 않고 하늘로 옮겨졌지요(창 5:24, 히 11:5).

비결은 무엇일까요. 하나님과 평생 동행했기 때문이지요. 구약시대에는 성령님의 내적 역사는 없지만, 다윗이나 요셉처럼 외적인 역사는 가능하였습니다. 성령님의 외적인 도우심으로 모든 생각을 온전히 하나님으로 가득 채운 것이 바로 에녹의 비결이었지요.

분노에 대한 영적 지식은 어느 정도 깨달은 것 같은데, 어제나 오늘이나 아직도 작은 일에 분노가 꿈틀거리는 것을 봅니다. 이는 아직 지식이 영적인 성장으로 발전하지 않고 단지 지식으로만 머물러 있기 때문이 아닐까요. 예수 그리스도를 아는 지식에서 자라가라 (벧후 3:18).

내 생각의 그릇을 하나님의 말씀으로 가득 채운다면 악한 것들이 공격해 올 수 있을까요? 공격은커녕 도망치느라 정신없겠지요.

죄의 지배를 받기 전에 우리가 미리 죄의 생각을 공격하면 어떨까요. 그들이 공격할 때까지 기다리지 않고 말입니다. 성경에는 방어용 무기가 있지만 또 공격용 무기인 성령의 검, 하나님의 말씀도 있으니까요(엡 6:13~17).

일전에 악한 생각을 지속적으로 죽일 수 있는 방법에 대하여 묵상했을 때 하나님께서는 성령님의 충만을 말씀하셨지요. 성령님의 충만하심은 곧 하나님의 은혜의 지배를 의미하지요. 허나 어떻게 충만함을 계속 받을 수 있을까요?

오늘 아침 일어나자마자 하나님께서는 저에게 이에 대한 깨달음을 주셨지요. 적어도 글을 쓰는 동안에는 이미 충만한 상태에 있다는 것을. 글을 쓰는 동안은 나의 온 생각이 영의 생각으로 가득 차게 될 테니까요. 결국 어떤 영적인 일에 몰두하는 것이 정답이 아닐까요?

살면 살수록 상대방의 마음이 보이고 또 그분의 중심을 보게 되지요. 하나님께서 왜 외모를 보지 않으시고 중심을 보신다고 하셨는지 이제야 이해가 됩니다(삼상 16:7, 마 22:16, 막 2:8). 사람의 중심은 마음이고 그 마음의 중심은 생각이지요. 결국 하나님께서는 지금 우리가 무슨 생각을 하든지 그 생각의 중심을 보신다는 의미가 아닌가요?

며칠 전 어느 식당엘 갔지요. 식당의 음식 하나하나에 묻어 있는 정성이 얼마나 고마운지! 그 마음 씀씀이에 너무 고마운 생각이 들더군요. 아, 삶이란 다름 아닌 상대방을 배려하고자 하는 진실된 마음, 바로 그 생각이 아닌지요.

글을 쓰면서 문득 한 가지 떠오르는 생각이 있었어요. 그것은 내가 항상 하나님께 구하기만 한다는 것이었지요. 하나님께 드리는 것은 없고 지금껏 구하기만 했다니! 물론 생각의 전쟁이 전쟁인지라 어쩔 수 없이 구해야만 하지요. 그럼에도 여전히 한쪽에서는 죄송한 마음 그대로군요.

그래서일까요. 어느 때는 아무리 불러 보아도 묵묵부답으로 메아리만 돌아올 때가 있었지요(물론 묵묵부답이 때론 하나님의 응답일 수도 있지요). 가끔은 하나님께서도 우리들로부터 뭔가 받기를 원하셨던 것은 아닐까요(마 7:12).

가끔 하나님의 일꾼들이 원하지 않는 실수를 하여 넘어지기도 합니다. 그분들은 영적인 지식도 많고 기도도 많이 했을 텐데 말입니다.

한때 베드로는 왜 주님을 모른다고 부인했을까(마 26:75). 바울은 왜 바나바와 다투고 헤어졌을까(행 15:36~41). 데마는 왜 바울을 버리고 세상으로 갔을까(딤후 4:10). 왜 오늘날 적지 않은 목회자들이 돈과 이성 문제로 하나님을 하나님으로 대접해 드리지 못할까. 왜 신자들마저 조금 더 참지 못하고 삶을 마감할까.

이렇듯 우리가 풀지 못한 많은 숙제들이 있지요. 이것은 우리가 아직 구원받지 못한 부분, 생각의 문제와 관련이 있다는 생각이 듭니다(요 3:6, 벧전 1:9).

이스라엘의 우상 섬기는 것에 대한 엘리야의 송사에 대하여 하나님께서는, 내가 나를 위하여 바알에게 무릎 꿇지 아니한 사람 칠천을 남겨 두었다고 하셨지요(롬 11:4). 그러면 오늘날도 사단의 생각의 공격에 대항하여 분투하는 특공대 칠천 명을 남겨 두시지 않았을까요? 그들은 또한 약한 자들을 위해 대신 싸우고 있겠지요. 그것도 전방에서 말입니다.

그러면 오늘 우리 자신이 이 숫자, 하나님의 숫자인 칠천 명 안에 들어가 있는지 확인해야 하지 않을까요. 떨리는군요.

오늘 뉴스에 해리포터의 여자 주인공 엠마 왓슨(20세)의 기자 인터뷰 내용이 나왔지요. 그녀는 현재 억만장자인데, 소유하고 있는 돈(약 380억 원)이 너무 많아서 어디에 써야 할지 모르겠다고 하더군요. 한쪽은 단돈 몇만 원이 없어서 온 가족이 고통 중에 있는가 하면, 다른 쪽은 돈이 너무 많아서 어찌할 줄 모르는 시대가 되었지요.

사단은 돈을 만들어 하나님의 원래 계획이었던 평등의 원리를 깨뜨리고 돈으로 모든 것들을 지배할 수 있는 세상 조직을 만들었지요. 하나님께서는 이를 미리 아시고 하나님과 재물 중 하나를 선택하라고 경고하셨습니다(마 6:24).

사단은 이제 돈으로 우리의 모든 생각을 지배할 수 있는 구조를 만들었지 싶네요. 허나 걱정하지 마세요. 하나님과 재물 중 우리는 하나님을 택하기만 하면 모든 문제가 풀리니까요.

오늘날 돈의 위력은 감히 하나님과 대등한 위치에까지 올라왔지요(눅 16:13). 심지어 마지막 때에 돈은 사람들의 영혼까지 살 수 있다고 하였지요(계 18:13). 요한계시록의 이 부분을 영어 성경으로 보면, 영혼은 사람들의 몸과 혼이라 했으니 사람들의 생각까지 살 수 있다는 말이 아닙니까. 실제로 미국의 인터넷 쇼핑몰 회사인 이베이(ebay)에서 어떤 사람이 자기의 영혼을 경매로 넘기는 바람에 사회적으로 큰 이슈가 된 적이 있었지요.

내 생각은 내 것이고 내 생명이니 함부로 취급하면 큰일나지요. 주님 오시는 그날이 올 때까지 잘 보존해야 할 것입니다. 이는 엄위하신 하나님의 명령이십니다.

"평강의 하나님이 친히 너희로 온전히 거룩하게 하시고 또 너희의 온 영과 혼과 몸이 우리 주 예수 그리스도께서 강림하실 때에 흠 없게 보전되기를 원하노라"(살전 5:23).

그럼 사단의 덫에 대해 살펴볼까요. 사단은 먼저 생각으로 우리들을 직접 공격하지요. 그러다 생각대로 잘 안되면 분노라는 정서의 폭발적인 방법을 가끔씩 사용하기도 하지요.

어디 이것만 사용하나요. 재물은 어떤가요. 이 시대에 돈을 이기는 사람이 있을까요? 심지어 신자들조차, 강한 믿음을 소유한 신자들까지 발람처럼 모든 생각을 너무 쉽게 팔아넘기지는 않나요?(벧후 2:15, 유 1:11) 그러나 견디기 힘들어도 끝까지 순교하는 사람들이 있어 감사드리고 싶네요.

작년 크리스마스 때 초등학교 6학년인 막내아들이 친구로부터 레고 장난감을 선물로 받았어요. 그 중에는 전갈 모양의 꽤 큼직한 레고가 있었지요. 저는 그것을 본 뒤 왠지 모르게 영 마음이 편치 않아서 그날 밤 잠을 이룰 수가 없었어요. 그래서 자는 아이를 깨워서 상황을 설명했지요. 악은 그 모양이라도 버리라는 말씀을요(살전 5:22).

그랬더니 아이는 두말 않고 그것을 문 밖에다 일단 갖다 두고 내일 정리하겠다고 했어요. 얼마나 고마웠던지요. 아빠의 심정을 이해했으니 말입니다. 살다 보면 하나님의 은혜를 여기저기서 발견할 수가 있어서 힘이 나기도 합니다.

왜 하나님께서는 악은 그 모양이라도 버리라고 하셨을까요. 우리가 그것을 계속 보게 되면 나도 모르게 그 모양에 익숙해져서 그것의 영향을 받게 되지요. 그러다 보면 이젠 내 생각이 빼앗기는 정도까지 이를 수 있기 때문에 조심해야겠지요. 이 모든 일을 다 아시는 하나님은 성경의 여러 부분에서 여러 모양으로 말씀하셨습니다(히 1:1).

오늘 낮에 식사를 하는 동안 충격적인 이야길 들었어요. 어떤 여대생의 엄마가 딸아이가 가는 댄스클럽에 자기도 갈 수 없겠느냐고 했다지요, 아마. 그 학생은 놀라서 왜 그러시냐고 했더니 그냥 같이 놀고 싶다고 했다나요. 딸아이를 지키러 가는 것도 아니고 같이 즐기러 가고 싶다니요. 설마, 어떻게 그런 생각을. 그 학생의 마음이 얼마나 아팠을까요. 어찌해 볼 수도 없고 말입니다.

이젠 내 생각은 없고, 누가 내 안에 살고 있고, 나는 완전 없는 건가요? 이런 일들이 가면 갈수록 더 심해지지 않을까요? 요즘은 정말 비이성적인 생각을 하는 사람들이 부쩍 많아진 것 같더군요. 사단의 생각의 지배란 정말 대단하지 않습니까. 거참.

그럼에도 우리 다 같이 기도로 약한 자들을 위해 하나님께 구해야 하지 않을까요.

요한계시록에 보면, 죽은 자들이 하나님의 심판대 앞에 서게 되는 날이 있지요(계 20:12). 그 보좌 앞에 두 권의 책이 있는데, 한 권은 생명책이고 다른 한 권은 행위를 기록한 책이지요. 하나님의 심판은 바로 이 행위를 기록한 책에 의해 이루어집니다.

오늘 하루를 시작하기 전, 다시 한 번 이 말씀을 기억하고 내 몸을 어떻게 사용해야 할지 점검하는 것이 어떨까요? 훗날 그리스도의 심판대 앞에서 몸으로 행한 대로 받아야 하기 때문이지요(마 16:27, 고후 5:10).

서울의 어느 대형 교회 목사님께서 설교 중 다음과 같은 말씀을 하셨지요. "요사이 선덕여왕이라는 드라마를 보고 있는데, 선덕여왕이 어렸을 때 죽을 고비를 수없이 넘더군요. 그때마다 가슴이 조마조마했지만 주인공이니까 죽지 않을 것이라고 확신했기 때문에 여유롭게 볼 수 있었습니다."

저는 당시 이 말씀을 듣고 깨달았지요. '아, 그렇구나. 우리의 삶이 꼭 도살당할 양같이 여김을 받고 있지만(롬 8:36) 결국은 해피엔딩으로 끝나겠구나.' 아무리 죄의 생각으로 인해 고통당해도 결국은 우리가 승리하도록 하나님께서 각본을 쓰셨다는 것을 알면 얼마나 삶을 평안하게 즐길 수 있을까요. TV 속 드라마의 주인공처럼.

"생각하건대 현재의 고난은 장차 우리에게 나타날 영광과 비교할 수 없도다"(롬 8:18).

사단의 덫 중 어디 막강하지 않은 덫이 있나요? 성욕은 육체의 정욕으로서(벧전 2:11) 때가 되면 광기를 드러내기도 하는데 이를 만족시키지 않으면 만족할 때까지 발광을 하지요. 존 오웬은 이러한 정욕에 대하여 '광패'라는 단어를 사용했지요.

이렇듯 죄가 광기를 부리면 어떻게 해야 하나요. 덫에 걸렸어도 빠져나올 수 있도록, 성령 하나님께 악한 자의 화전을 소멸시켜 주시도록 구해야겠지요(엡 6:16). 온전한 평안을 얻을 때까지 계속 구해야겠지요. 많은 자들이 얻지 못하는 것은 기도를 단발적으로 끝내기 때문이지요. 열 번이면 어떻습니까. 아니 백 번이면 어떻습니까. 끝까지 구해야 할 것입니다.

혹시 제가 거침없이 글을 막 써내려 간다고 생각하시지는 않겠지요. 어느 때는 고통 중에 몸부림쳐야 하는 때도 있습니다. 며칠 전 저의 아내에게, 왜 이렇게 쓸 것이 안 떠오르는지 모르겠다고 말한 적도 있어요. 그러다 때가 되어 하나님께서 주시기 시작하면 정말 바쁘지요. 놓치지 않고 모두 받아 적어야 하니까요.

육체의 정욕이 어디 성욕만 있을까요. 물욕, 탐욕, 명예욕 등 육신으로부터 나오는 모든 욕망들이 아니겠습니까(갈 5:19~21). 성경에는 육체의 소욕을 이길 수 있는 유일한 해법이 바로 성령님의 소욕이라고 하셨지요(갈 5:16~17). 우리의 마음 안에는 죄가 있고 우리의 영 안에는 성령님이 거주하고 계시지요.

혹시 우리가 내주하고 계시는 성령 하나님을 무의식적으로 무시하면서 살고 있지는 않나요? 저부터 말이지요. 계속 죄 이야기만 하고 성령님의 이야기는 별로 안 하고 있으니까요. 지금도 성령 하나님께서는 우리를 기다리고 계십니다. 우리가 그분을 찾을 때까지.

공자는 논어의 위정편(爲政篇)에서 40세를 불혹의 나이라고 했지요. 자신의 체험에서 나온 말이라고 합니다. 의학적으로 볼 때도 40세가 되면 부모로부터 물려받은 몸의 저항력이 전부 떨어진다고 하지요. 정욕의 불길이 꺼져 가는 나이인 셈이지요. 하지만 요즘은 이것도 아닌 것 같습니다. 60, 아니 70, 80세까지도 끄떡없으니 말입니다. 어디 몸뿐인가요. 생각은 어떤가요.

왜냐고요? 내 안의 죄는 오히려 점점 더 강해지기 때문이 아닐까요. 이쯤 되면 나도 모르는 내 성격, 취미, 성향 등을 거의 다 파악한 상태이니까요.

어떤 사람이 어떤 생각을 하면 어떤 얼굴이 된다는 말이 있지요. 그럼 만약 내가 하나님 생각을 하고 하나님 얼굴을 매일 구하면 하나님 얼굴처럼 될까요? 아니면 이미 하나님 얼굴처럼 되었는데 몰라서 그런가요.

하나님께서는, 하나님의 형상을 따라 하나님의 모양대로 사람을 만드셨다고 하셨지요(창 1:27). 여기서 형상은 내적인 것이고 모양은 외적인 것을 의미하지요. 이미 우리는 외적, 내적으로 하나님을 많이 닮았다는 이야기가 되지요. 그렇다면 아버지의 생각이 곧 내 생각이 되어야 마땅하지 않을까요.

오늘 아침 애들과 함께 식사하는 중에 과거의 추억, 즉 저의 고 등학교 시절 배가 너무 고파 힘들었다는 이야기가 나왔지요. 이런저 런 이야기를 하다 보니 좋았던 추억보다는 서럽고 괴로웠던 이야기 로 흘러가더군요. 애들도 다 아빠가 얼마나 힘들어 했는지를 이해하 는 것 같았지요.

그런데 과거의 삶을 이야기하다 보면 꼭 좋은 이야기보다는 안 좋 은 기억들이 더 생생하다는 것을 알게 됩니다. 게다가 정말 기억조차 하기 싫은 일들도 선명하게 떠올라서 잠시나마 괴롭기도 하지요. 때 로는 이런 기억들을 '한'이라는 말로 포장해서 꼭 한을 풀어야 한다 느니 하면서 삶을 방해하기도 하지요.

이제 와 깨닫고 보니 이런 것들은 모두 내 안에 있는 죄의 생각의 공격인 것 같군요. 요놈들 때문에 다시 옛적 기억들로 인해 다시 한 을 품을 수도 있지요. 나쁜 기억들은 기억하지 마시고 혹시 떠오르거 든 예수님의 이름으로 물리치시고 좇아가지 마시길 바랍니다. 그러 면 저들도 별수 없을 것입니다. 떠날 수밖에요.

20세기의 위대한 전도자인 빌리 그래함 목사님은 노년에 전립선암과 뇌종양을 앓았습니다. 뉴스위크지와 가진 인터뷰에서 목사님은 죽음에 대해 다음과 같이 말했지요. "내 영혼이 육신을 떠나는 순간 주님의 임재 안으로 들어가므로 두렵지 않다. 다시 살 수 있다면 성경 읽고 신학을 공부하는 데 시간을 보내고 싶다. 가장 후회되는 것은 공부를 더 하지 않은 것이다."

생각 지식으로 인하여 공부를 더하게 되든, 아니면 다른 이유로 더하고 싶어 하든 성경 공부는 정말 필요하지 않을까요?

하나님께서는 말씀하셨지요. 하나님을 찾는 자들에게 상을 주신다고요(히 11:6). 하나님을 부지런히 찾고 연구하면 그에 대한 보상을 해 주신다는 말씀이지요.

16세기 청교도 존 프레스톤은 하나님 말씀 연구에 너무 몰두하여 잠자는 시간도 아까워했다지요. 그분은 잠을 잘 때 일부러 이불을 반쯤 내려뜨려 덮어서 이불이 떨어져 추워지면 잠을 깼다고 합니다. 다니엘처럼 뜻을 정하면 무엇이든 못할까요(단 1:8).

잠시 잠깐 후면 오실 이가 오신다고 하였지요(히 10:37, 계 10:6). 사람들의 생각의 고통을 이젠 제거하시기 위하여 주님께서 오실 것입니다(행 1:11). 사실은 그게 어디 사람들만을 위하여 예수님께서 오시겠습니까? 하나님께서 창조하신 모든 피조물들의 탄식과 고통도 포함하셨지요(롬 8:19~22, 히 2:9).

사단은 정말 생각이라는 간단한 무기 하나로 사람뿐만 아니라 하나님께서 창조하신 모든 만물들까지 장악하고 있다는 사실에 다시 놀라게 되는군요. 생각은 얼마나 중요한지!

17세기 청교도인 사무엘 러더포드는 하나님 말씀 연구와 기도에 더 많은 시간을 보내기 위해 보통 새벽 3시에 일어나곤 하였습니다. 하나님께서는 심은 대로 거두게 하시는 분입니다(갈 6:7~8).

"여자가 그 나무를 본즉 먹음직도 하고 보암직도 하고 지혜롭게 할 만큼 탐스럽기도 한 나무인지라"(창 3:6). 이 구절들은 분명 하와의 마음속 생각을 표현한 것이지요. 그 누가 사람의 깊은 마음속 내용을 알 수 있을까요? 마음을 만드신 하나님밖에는.

어떤 사람은 평생 도박만 생각하고 살다가 죽었고 어떤 사람은 평생 영혼 구원을 위해 몸 바쳐 살다가 죽었어요. 이 세상에 와서 둘 다 열심히 살다가 죽은 것은 같지만 사후의 결과는 너무 다르지 않을까요. 진리란 다름 아닌 사후에 내가 어떻게 될 것인가를 생각하는 것입니다.

겉으로는 아무 문제 없이 사는 것 같아도 그 마음속 생각은 아무도 모르지요. 혹시 생각 때문에 혼자 끙끙 앓고 아무에게도 말을 못하고 있는지도 모르지요. 이럴 땐 하나님께로 돌아오세요. 그리고 조용히 아무도 듣지 않게 모든 고통을 털어놓으세요.

자신의 생각을 직접 만드신 하나님을 만나서 이야기하면 어떨까요. 더 확실하게 치료해 주시지 않을까요. 용기를 내서 하나님을 만나세요.

생각의 죄는 내 자신의 생각에 의한 죄가 있고 사단이 주는 생각의 죄가 있지요. 많은 경우 사단은 우리에게 죄의 생각을 던져 줌으로써 마치 그것이 내 자신의 생각인 양 착각하도록 속여 죄의식을 갖게 하지요. 만약 어떤 죄의식이 든다면 우리는 깨어서 이것이 내 생각으로 인한 것인지 아니면 사단이 준 생각으로 인한 것인지 구별해야 할 것입니다.

사단의 또 하나의 덫은 거짓말하는 영이지요(왕상 22:22, 대하 18:21). 살다 보니 나도 모르게 거짓말을 하게 되는 경우가 한두 번 있었을 것입니다. 이것을 내버려 두면 습관이 되고, 거짓의 영의 생각에 지배를 받는 상태가 되기도 하지요. 드라마나 영화를 보면 거짓말을 하는 것이 자연스럽게 나옵니다. 이는 우리들을 무의식적으로 훈련시키기 위함이지요.

요한계시록에는 거짓말하는 자들은 불과 유황으로 타는 못인 둘째 사망에 들어간다고 기록되었습니다(계 21:8, 27). 물론 한두 번 거짓말한다고 해서 거짓말하는 자로 규정지을 수는 없지요. 허나 밤낮 쉬지 않고 하는 많은 말들이 거짓이라면 좀 의심해 봐야 하지 않을까요.

신앙의 성숙도는 내가 얼마만큼 영의 생각을 따르고 있느냐에 달려 있지요.

젊은 그대여, 밤이 깊으면 이제 곧 새벽이 오고 여명이 밝아 오겠지요. 지금은 노아의 때와 같으니(마 24:37) 자기를 지켜 세속에 물들지 않은 생각을 갖도록 분투하고 노력해야 할 것입니다(약 1:27).

우리는 말을 할 때 '밤낮'이라고 하고, '낮밤'이라고는 하지 않지요. 이는 시간이 밤부터 시작하기 때문이에요. 하나님께서 천지를 창조하신 후 빛과 어둠을 만드시고 다음과 같이 말씀하셨지요. 저녁이 되고 아침이 되니(창 1:5). 아무리 힘들어도 결국 밤이 지나고 밝은 낮이 오지 않겠습니까?

"저녁때에 다윗이 그의 침상에서 일어나 왕궁 옥상에서 거닐다가 그곳에서 보니 한 여인이 목욕을 하는데 심히 아름다워 보이는지라 다윗이 사람을 보내 그 여인을 알아보게 하였더니"(삼하 11:2~3).

남자들은 보는 것을 조심하고 여자들은 감각을 조심해야 한다는 말이 있지요. 그만큼 남자들은 보는 것에 의해 사단의 미혹에 넘어갈 수 있다는 말이지요. 다윗은 목욕하는 여인을 보자마자 이미 마음에 사단의 생각을 받아들였습니다. 왜냐면 그 다음 구절에서 곧바로 그 여인에 대해 알아보도록 명령했으니까요.

그런데 어떻게 성경은 그 여인이 심히 아름답다고 기록하였을까요. 그것은 마음을 꿰뚫어 보시는 하나님께서 다윗의 마음을 읽으셨기 때문이지요. 이렇듯 사단의 생각의 공격은 때로 부지불식간에 이루어지지요. 나도 모르는 사이에 벌써 넘어가 버릴 수도 있으므로 조심해야 할 것입니다.

로이드 존스 목사님께서는 성화에 대해 다음과 같은 말씀을 하셨지요. "만일 우리가 하나님과 그리스도의 존전에 서게 되리라는 것을 정말로 믿는다면 허비할 시간이 없으며, 따라서 우리 앞에 놓인 가장 시급한 문제는 우리가 어떻게 성화될 수 있는지를 배우는 일입니다."

진실로 참된 성화란 그리스도 예수 안에서 그분의 생각의 지식을 바탕으로 할 때만이 가능하지 않을까요.

대전의 한 교회에서 교인들에게 기도 제목을 쓰라고 했는데 다음과 같은 제목이 있었다지요. "목사님, 저는 단 하루라도 좋으니 평안히 잠을 자는 게 소원입니다. 제발 기도 좀 해 주십시오."

요즘에 무차별적으로 발생하는 미국의 총기 사건을 접하고 예수님께서 하신 말씀이 떠올랐지요. "검을 가지는 자는 다 검으로 망하느니라"(마 26:52).

최초로 무기를 생산한 사람은 아벨을 죽인 가인의 6대손인 두발가인이었지요. 직업이 대장장이로서 날카로운 기계와 사람 죽이는 무기를 만들었던 사람이지요. 과거의 검은 오늘날의 총과 같이 사람을 죽이는 데 사용되었지요.

진정 사단은 자신이 지배하는 사람들을 이용하여 하나님의 형상을 입은 사람들을 언제까지 괴롭히고 죽이려 들까요? 그것은 자신의 때가 얼마 남지 않을수록 더욱 그러하겠지요. 그러기에 이 마지막 시대, 우리 신앙인들의 삶은 과거의 선진들 못지않은 순교자의 삶이 아닐까 하고 감히 생각해 봅니다.

오, 아버지여, 저희들을 굽어 살피소서. 아버지 품 안에 올라갈 때까지 지켜 주소서.

잊을 만하면 다시 생각나는 악한 생각의 고통은 정말 이겨 내기가 힘들지요. 허나 너무 염려하지 마시길 바랍니다. 계속 하나님께 도와 달라고 기도하세요. 그분은 우리 아버지이시므로 자녀의 고통을 외면하지 않으십니다. 또한 이 모든 것을 다 알고 계시니까요.

죄가 아무리 힘이 있어도 아무 때나 우리를 공격한다고는 생각지 않습니다. 전지전능하신 하나님께서 허락지 않으시면 그 공격조차 불가능하다고 생각합니다(마 10:29, 막 5:13). 왜냐면 자녀를 지키셔야 하니까요. 욥의 경우를 보면 알 수 있지요. 하나님께서는 사단에게 욥을 그 손에 붙이셨지만 그의 생명은 해하지 말라고 하셨지요(욥 2:6).

이런 상황임에도 그들의 공격이 재개되었을 때는 분명 하나님의 허락하신 뜻, 어떤 깊으신 뜻이 있지 않을까요. 혹시 하나님께서 나의 믿음을 한 단계 높이거나 아니면 세상으로 향한 나의 얼굴을 하나님께로 돌리기 위함이 아닐까요.

저는 개인적으로 골치 아픈 생각의 공격을 퇴치하기 위해 다음과 같이 하나님을 부릅니다. "아버지여, 도와주세요. 아버지여, 사랑하나이다. 아버지여, 감사하나이다." 저는 이것을 하루에도 수십 번, 수백 번씩 부르지요.

공격이란 모름지기 상대방에게 틈이 있어야 가능하지 않을까요. 따라서 내가 틈을 보였다면 그것은 내가 내 생각을 사용하지 않고 있었다는 의미이지요. 그럴 때 죄는 '드는 생각'으로 내 생각을 공격하지요. 허나 위와 같이 아버지께 도움을 구하면 이젠 내가 내 생각을 되찾게 되지요. 그러다 보면 하나님께 집중하게 되고 그것들의 공격은 어느새 사라져 버립니다. 육의 생각은 떠나고 영의 생각이 저를 감싸게 되면서 평안을 얻게 되지요.

이 방법은 개인적이므로 모든 신자에게 적용될지는 의문입니다. 다만 중요한 것은 위급할 때 어떻게든 하나님을 찾아야 한다는 것입니다(렘 33:3).

 "육으로 난 것은 육이요 성령으로 난 것은 영이니"(요 3:6).

구원받을 때 성령님으로 난 것은 영뿐이라고 하셨습니다. 우리의 생각은 새롭게 거듭나지 않았다는 뜻이고, 그래서 우리는 과거의 부패한 생각에 매우 익숙해져 있다는 뜻입니다. 이런 이유로 죄가 다른 기관이 아닌, 우리의 '생각'에 계속 집적대고 공격을 하지요. 옛정을 못 잊어서.

사단의 교활함에 대해 살펴볼까요? 다윗의 경우를 보려고 합니다. 다윗이 처음 밧세바를 볼 때는 저녁때였다고 했지요. 왜 하필 저녁 그 시간대였을까요. 혹은 왜 하필 그녀는 다윗이 왕궁 위에서 보게끔 그 시간 그 장소에서 목욕을 했을까요. 그 후 왜 밧세바는 아무 저항 없이 다윗과 동침했을까요.

이렇듯 정확한 장소와 시간, 상황들을 보면 마치 사단이 이미 다 짜놓았다는 생각이 들지 않나요? 그들이 깨어 있지 않았기 때문에 사단이 짜놓은 판에 걸려들어 죄를 짓고 살인까지 하게 되었다는 것이 보이지 않나요. 결국 이 모든 것은 사단이 다윗과 밧세바의 생각을 탈취함으로써 이루어졌다는 것이지요. 허나 아무리 사단이 교활해도 생각의 탈취가 없으면 성공할 수 없다는 것도 아시지요?

오늘날 이 사회에는 많은 종류의 왕따가 있습니다. 학교에서, 직장에서, 심지어 어느 때는 가정까지도 이것이 침투하고 있지요. 이것은 사단의 영으로서, 착한 한 사람을 몰아붙여 결국은 심한 고통 속에 빠지게 하는 악한 영이지요. 이런 악한 영의 생각에 놀아나면 결국은 자기의 생각도 빼앗기게 되지요.

정말 악한 생각은 왜 그렇게 종류도 많고 다양한지요. 우리 자신의 힘만으로는 이길 수 없습니다. 허나 하나님만 의지하세요. 그러면 어떤 종류라 해도 모두 때려눕힐 수 있으니까요(히 2:14, 요 1서 4:4).

어느 작가님의 글에 다음과 같은 내용이 있었지요. "신은 인간의 모습을 오직 공통된 형태로 창조해 내었지만, 인간은 얼마나 다양한 형태의 신을 창조해 내었는가."

사단이 주는 육의 생각의 종류는 다양하여 사람들이 그 생각을 받아들이면 기꺼이 그가 이끄는 대로 순종하게 되지요. 그러다 보면 결국 다양한 형태의 우상인 신들을 만들게 됩니다.

성경은 이에 대해 다음과 같이 말하고 있습니다. "비록 하늘에나 땅에나 신이라 불리는 자가 있어 많은 신과 많은 주가 있으나 그러나 우리에게는 한 하나님, 곧 아버지가 계시니 만물이 그에게서 났고 우리도 그를 위하여 있고 또한 한 주 예수 그리스도께서 계시니 만물이 그로 말미암고 우리도 그로 말미암아 있느니라"(고전 8:5~6).

다양한 종류의 사단의 생각 중 하나인 절망에 대한 글이 있어서 올립니다.

어느 날 마귀가 자신의 도구들을 경매에 붙인다는 광고를 냈는데 단 하나의 물건에는 '비매품'이라고 표시해 놓았답니다. 이상하여 물어보았더니 마귀는 다음과 같이 대답을 하였지요. "다른 것은 다 팔 수 있지만 이것만은 절대로 팔 수 없다. 이것만 가지면 사람의 마음속이라도 뚫고 들어갈 수 있지. 이것을 사람의 마음속에 일단 넣기만 하면 다른 어떤 것도 거기에 심을 수 있기 때문이야."

우리는 주도적으로 생각을 사용하여 죄를 지을 때만 생각의 죄라고 규정하지요. 그러나 의식적으로 또는 무의식적으로 죄를 짓기도 하지요. 예로, 여자를 보았을 때 음욕을 품도록 죄가 부추길 경우 나도 모르게 거기에 따라가면 무의식적으로 생각의 죄를 짓는 경우가 되지요(마 5:28).

이런 경우 음욕의 생각이 죄의 생각인지 내 생각인지를 먼저 구별하는 것이 중요합니다. 죄가 주는 것이 확실하다는 생각이 들면 물리쳐야 내가 죄를 짓지 않는 것이 되겠지요.

아시는지요? 예수님께서 이 땅에 오신 이유 중 하나는 마귀의 일, 마귀의 생각의 역사를 멸하려 하심이고(요 1서 3:8), 예수님께서 십자가상에서 죽으신 이유 중 하나는 마귀의 일보다는 마귀 자체를 파괴시키기 위함이었지요(히 2:14). 이 얼마나 귀중하신 진리의 말씀인가요.

내가 내 생각으로 직접 죄지은 것도 아닌데, 혹시 사단이 주는 악한 생각 때문에 죄책감이 들어서 며칠 동안 고생해 보신 적은 없나요? 진리는 우리를 언제나 자유롭게 해 주지요(요 8:32).

죄는 내 몸 안에서 여러 생각을 불러일으키지만, 때로는 외부 환경을 이용하여 서로 협력하여 공격함으로써 내 생각을 빼앗기도 하지요.

예로, 다윗의 경우 밧세바가 목욕하는 장면을 보자마자 몸 안에서 정욕이 불 일 듯 일어나서 죄를 지었으며, 유다의 경우 사단이 외부로부터 주님을 팔려는 생각을 넣었을 때 내부의 죄와 합력하여 악을 출산한 것 등을 들 수 있지요.

죄의 협공 작전에 관하여 한 가지 주목할 점은, 모든 사람 안에 있는 죄는 일정하지만 외부 환경은 날로 세상적, 정욕적, 마귀적으로 바뀌고 있다는 것이지요(약 3:15). 사단이 세상의 외부 환경을 바꾸는 이유는 점점 더 많은 사람들의 생각을 완전히 탈취하려는 의도일 것입니다. 따라서 내가 주위 환경을 정리해야 사단의 환경을 통한 공격을 이길 수 있겠지요.

🐦 죄의 협공 작전 못지않게 성령 하나님의 합력하심은 어떤가요 (롬 8:28).

우리 아버지께서는 우리가 거듭났을 때 우리의 영 안에 성령님을 선물로 주시고(행 2:38) 우리의 마음 판에는 말씀을 새기게 하사 우리들을 지켜 주시고(행 20:32), 우리의 주위에는 천사들로 보호케 하시니(히 1:14) 얼마나 감사한지요.

이것뿐만 아니지요. 우리 주위에는 여러 형제자매들이 있어서 성령님을 통하여 항상 서로 중보 기도하게 하시고 또 하늘나라에서는 주님께서 친히 우리를 위해 중보 기도해 주고 계시지요(요 1서 2:1).

보다 중요한 것 하나 더 말씀드릴까요. 우리 전지전능하신 아버지께서는 언제든 맘만 먹으면 사단이든, 죄든, 악한 생각의 영이든, 뭐든 다 잡아 구렁텅이에 처넣으실 수 있으시지요(마 26:53, 계 20:1~3). 언제든지 말입니다. 다만 아버지께서는 때를 기다리고 계시지요.

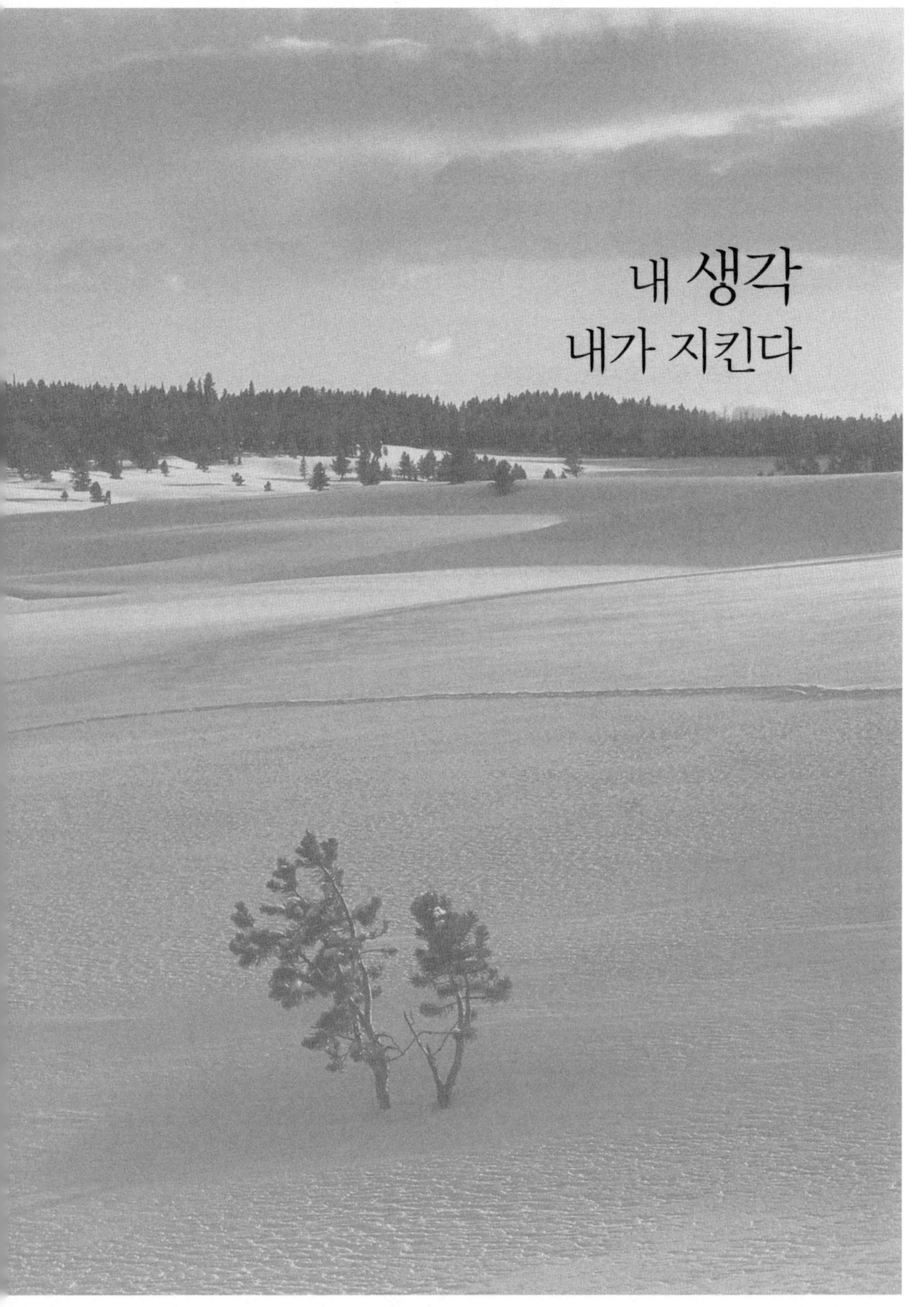
내 생각
내가 지킨다

우리 주님 오시는 그날까지

사랑하는 아버지여,
벌써 여기 마지막 4장까지 왔나이다.
어떻게 왔는지는 잘 모르오나 아버지께서 이끄시는 대로 왔나이다.

전 단지 부족한 종으로서 아버지의 명령만 따를 뿐이오니
아버지께서 모든 일을 이루소서.

심는 자 따로, 물 주는 자 따로이지만
자라게 하시는 이는 오직 한 분 아버지시옵나이다.

부디 이 글을 읽는 모든 영혼들을 굽어 살피시사
오늘도 저희들의 생각의 고통을 하감하시고
우리 주님 오시는 그날까지
저희들의 연약한 생각을 지켜 주시옵소서.

조만간 다시 오실 예수 그리스도의 이름으로 기도하옵나이다.

– 최정길

'내 생각 내가 지킨다'는 말은 무슨 뜻일까요? 이것은 누군가가 내 생각을 빼앗아 가는 것으로부터 내 생각을 지킨다는 의미이지요. 그러면 그 누군가가 누구입니까? 그는 사단이고 죄의 생각이지요. 즉, 사단이 죄의 생각으로 내 생각을 공격하여 탈취하려는 싸움에서 내 생각을 지킨다는 의미입니다.

혹시 1장에서 언급한, 핸드폰이 고장 나면 핸드폰을 만든 사람에게 가야 하듯이 생각이 고장 나면 생각을 만드신 하나님께 여쭤봐야 한다는 말을 기억하시는지요?

그러면 내 생각을 지키는 방법에 대해 생각을 만드신 하나님께 여쭤볼까 합니다. 그분께서 뭐라 말씀하시는지 이제부터 하나씩 살펴보려고 합니다.

"아무것도 염려하지 말고 다만 모든 일에 기도와 간구로, 너희 구할 것을 감사함으로 하나님께 아뢰라 그리하면 모든 지각에 뛰어난 하나님의 평강이 그리스도 예수 안에서 너희 마음과 생각을 지키시리라"(빌 4:6~7).

우리는 이 말씀으로 두 가지 사실을 알 수 있지요. 첫째는 하나님께서 우리에게 생각에 관한 말씀을 주셨다는 것이고, 둘째는 그 말씀을 이해하고 깨달아 지켜야 한다는 것입니다. 그래야 우리의 생각을 지킬 수 있다는 것입니다. 이것이 바로 생각을 지으신 하나님의 처방이시지요.

그럼 위의 말씀을 살펴볼까요. 위의 '지키시리라'는 로마 군대의 수비대가 보초 서는 광경을 묘사한 용어로서, 군사 용어이지요. 이 말씀으로 우리는 지금 사단과 전시상황에 처해 있으며 그것은 우리의 마음과 생각을 빼앗으려는 전쟁이라는 것을 알 수 있습니다. 또한 우리가 기도하면 하나님의 평강, 하나님의 은혜가 사단의 생각의 탈취로부터 우리의 마음과 생각을 지키신다는 것도 알 수 있지요.

어떤 분은 혹시 어디 그게 내가 내 생각을 지키는 것이냐, 그것은 하나님께서 하나님의 평강으로 내 생각을 지켜 주시는 것 아니냐고 반문하실 수도 있겠지요. 허나 자세히 보면 내가 기도한 후에야 비로소 하나님의 평강이 왔으므로 결국은 내가 내 생각을 지킨다고 말할 수 있습니다.

하나님께서는 항상 하나를 버리면 다른 하나를 취하라고 하시지요. 위의 말씀처럼 염려를 버리면 그 다음 기도로 빈자리를 채워야 한다는 뜻입니다.

염려를 버린 후 그냥 아무것도 하지 않고 있으면, 쫓겨난 놈이 더 악한 놈들을 데리고 다시 찾아올지 모르니까요(눅 11:26).

"믿음으로 모세는 장성하여 바로의 공주의 아들이라 칭함받기를 거절하고 도리어 하나님의 백성과 함께 고난받기를 잠시 죄악의 낙을 누리는 것보다 더 좋아하고"(히 11:24~26).

모세가 부귀를 거절하고 난 후 그냥 지내지 않고 오히려 고난을 택한 것을 알 수 있지요. 이는 거절한 후 빈자리를 채워야 한다는 것을 의미하지요. 만약 우리가 육의 생각을 거절했다면 그 빈자리를 영의 생각으로 채워야지, 그렇지 않으면 떠났던 육의 생각이 다시 돌아온다는 뜻입니다.

하와의 범죄를 다시 묵상해 봤지요. 정말 하와가 큰 잘못을 했을까? 그녀가 남을 괴롭혔나요? 남을 죽이기라도 했나요? 단지 선악의 지식나무 열매를 먹은 것에 불과하지 않았나요? 그런데도 결과는 하나님께서 말씀하신 대로 죽음이었지요(창 2:17).

그럼 문제는 무엇이었나요? 하나님의 말씀을 지키지 못한 것, 즉 말씀을 들은 하와 자신의 생각을 지키지 못한 것이었습니다.

마찬가지로 오늘날도 내 생각은 내가 지켜야 하지 않을까요? 어떻게 해서라도. 그런데 정말 혼자서 내가 내 생각을 지킬 수 있을까요. 이것은 내가 혼자서 사단을 상대할 수 있겠느냐와 같은 것이지요. 아무리 인간적인 방법을 다 사용한다 해도 지킬 수 없겠지요.

결국 생각을 만드신 하나님을 의지할 수밖에 없지 않겠어요. 때문에 우리 예수님께서 부활 승천하실 때에, 세상 끝날까지 우리와 항상 함께 계시겠다고 말씀하셨습니다(마 28:20).

어제 운동을 하는 동안 어떻게 하면 내 생각을 잘 지킬 수 있을까 하고 생각을 해 보았지요. 단순한 인간적인 방법이 아니라 지식적이고 성경적인 방법 말이지요. 그러자 하나님께서는 로마서 8장을 생각나게 하셨지요(요 14:26). 하여 그 말씀들을 계속 묵상하였는데, 특히 '해방'이란 단어의 의미를 더욱 깊이 생각하게 되었지요.

해방이란 자유가 아닐까요. 억압으로부터의 자유, 내 생각을 빼앗으려는 공격으로부터의 자유, 내 생각이 탈취되었을 때는 그것의 종됨으로부터의 자유. 로마서 8장의 바울처럼, 해방이란 겪어 보지 않으면 진정으로 그것의 기쁨을 이해하기 쉽지 않겠지요.

로마서 8장의 의미를 이해하려면 당연히 6, 7장을 알아야겠지요. 바울은 6, 7장에서 우리 마음 안에 죄가 있고 그 죄는 힘을 가지고 있어서 우리를 사로잡아 간다는 것을 깨달았지요. 마음으로 원하는 하나님의 일을 하고자 할 때마다 하지 못하도록 방해하는 악의 존재를 알았을 때 바울의 마음은 어땠을까요. 정말 지치지 않았을까요. 더구나 이를 완전히 제거할 수도 없는 경우라면. 오호라, 나는 곤고한 사람이로다. 이 사망의 몸에서 누가 나를 건져내랴(롬 7:24).

우리에게는 두 가지 종류의 법이 있습니다. 하나는 7장의 죄와 사망의 법이고, 다른 하나는 8장의 생명의 성령님의 법이지요(롬 8:2). 이 사망의 법은 생명의 성령님의 법에 의해 삼킨바 되었지요(고전 15:54). 이 진리를 깨달은 바울의 심정은 어땠을까요? 그야말로 긴 억압으로부터의 해방이 아니었을까요. 할렐루야!

일제시대 이런 일이 있었다지요. 일본으로부터 해방이 선포된 줄도 모르고 어떤 일본군은 여전히 사람들을 괴롭혔고 또 사람들은 계속 도망 다녔다는 이야기 말입니다. 첫째는 해방이 발표된 줄 몰랐다는 것이고, 둘째는 더 이상 그들의 법에 따를 필요가 없다는 것을 몰랐다는 것이지요.

물론 살다 보면 모를 수도 있지만 꼭 알아야 할 일은 계속 주시하면서 반드시 알아야 하지요. 더구나 자신의 생명과 연관된 일이라면 더욱 그렇지 않을까요.

죄가 사망의 법으로 우리들을 꼼짝 못하게 해 왔지만, 이젠 생명의 성령님의 법이 우리들을 해방시켰기 때문에 우리들은 더 이상 그 법에 순종할 필요가 없어졌다는 것이지요. 어떤 하나의 법이 나를 괴롭힐 때 그것으로부터 벗어나려면 다른 법이 나와시 이전의 법을 대치시켜야 합니다. 신자들에게는 이미 이러한 법적 대치가 이루어졌다는 것을 알아야 하겠지요. 우리에게는 새로운 법적 지위가 주어진 것입니다.

최근 드라마 중에서 〈동이〉라는 사극이 있었지요. 조선 19대 숙종 임금의 후궁인 동이가 사가로 내려가 생활할 때 훗날 영조 임금이 된 아들 금이가 있었죠. 어린 금이가 중국 사신들의 행차를 친구들하고 볼 때 어떤 선비 하나가 금이와 친구들을 버릇없다고 하면서 때리는 장면이 나오지요. 이때 금이가 매질하는 그 선비에게 다음과 같은 말을 하였지요.

"그만두지 못하겠느냐. 어찌 선비가 그렇게 무도한 것이냐."

"넌 누구냐. 어린놈이 감히 누구한테……."

"난 이 나라의 왕자니라. 왕자라고 했다."

이 말을 믿지 않았던 선비가 금이마저 때리려고 할 때 동이가 나타났지요. 결국 동이의 신분을 알게 된 선비가 머리를 조아려 살려 달라고 애원하는 장면이 나옵니다. 이 이야기는 두 가지 면에서 깨달음을 주지요. 하나는 금이의 법적인 지위를 표명하는 것이고, 다른 하나는 어머니에게 도움을 요청한다는 것이지요.

우리에게 비록 성령 하나님에 의해 새로운 법적 지위가 주어졌지만, 여전히 우리는 과거의 죄의 법에 순종하면서 살고 있지요. 당연히 죄는 이전의 지위를 되찾길 원하고 또 계속 생각으로 지배하길 원하지요. 우리 또한 과거의 삶대로 지내는 것이 익숙해져서 쉽게 죄의 생각에 내 생각을 빼앗기기도 하지요.

로마서 8장 1절은 예수 그리스도 안에 있는 자는 결코 정죄함이 없다고 하셨지요. 허나 영어 성경을 보면, 예수 그리스도 안에 있는 자라는 말 외에 이들은 육을 쫓지 않고 영을 쫓는 사람들이라는 말이 더 들어 있지요.

이 말뜻은 우리가 단순히 법적 지위만을 가지고 주장하기에는 더 해야 할 일이 있는데 그것은 우리가 영의 생각을 추구해야 한다는 것이지요.

저는 생각날 때마다, 주실 때마다 열심히 받아 적어 왔습니다 (요 14:26, 행 11:16). 어떤 때는 잠을 자려고 누웠는데 생각을 주셔서 다시 일어나기도 했지요. 일어났다 누웠다를 여러 번 반복한 적도 있어요. 그러다 어떤 날은 전혀 아무것도 주시지 않을 때가 있지요. 이런 경우 기다리면서 책을 읽곤 합니다. 그러면 적절한 때에 적절한 말씀을 다시금 주시곤 하지요.

존 오웬에 의하면, 신자 안에 역사하는 죄의 작용이 멈추지 않는 것이 사실이지만 하나님께서 우리 신자에게 주시는 죄에 대한 무한한 용서와 은혜의 힘에 대한 무한한 공급으로 말미암아 우리들은 죄와 더불어 충분히 싸워 이길 수 있다고 하였습니다.

아무리 생각해 봐도 영의 생각을 추구하는 일은 곧 죄의 생각을 때려잡는 것이지 싶네요. 물론 먼저 영적인 지위가 확보되지 않고 영의 생각을 추구한다면 아무 의미가 없겠지요. 허나 법적 지위가 있을 때는 영만 좇아간다면 모든 생각을 지킬 수 있습니다.

영의 생각을 추구하는 것은 곧 내 생각을 내가 지킨다는 의미가 됩니다. 그럼 이제 문제는 어떻게 우리가 영의 생각만을 추구할 수 있는가 하는 것이지요.

근데 이것이 가능할까요. 예, 가능합니다. 누누이 말씀드리지만 하나님께서는 가능하지 않은 것을 우리에게 요구하신 적이 없기 때문입니다(막 9:23).

제가 미국에서 유학할 때 가장 하고픈 일은 열심히 공부해서 빨리 귀국하여 부모님을 만나는 것이었지요. 모든 학위과정을 끝내고 고향에 돌아갔을 때 부모님께서 얼마나 기뻐하시던지요. 마찬가지로 우리 신자들이 여기 세상에서 열심히 영의 생각을 추구하면서 하나님께 영광을 돌리고 살다가 훗날 공중에서 주님을 뵙게 될 때 얼마나 기뻐하실까요(살전 4:13~17).

육신대로 살면 반드시 죽을 것이로되 영(Spirit, 대문자는 성령님을 의미)으로써 몸의 행실을 죽이면 산다고 하셨습니다(롬 8:13). 몸의 행실은 생각에서 나오고 악한 행실은 악한 생각으로부터 나오지요. 우리는 영으로써, 성령 하나님의 도우심으로 이러한 악한 생각을 죽일 수 있습니다. 성경에서는 육체를 죽이는 방법, 악의 생각을 죽이는 방법으로 성령 하나님을 언급하시지요.

우리가 영의 생각을 하면 우리 생각은 영으로, 성령님으로 채워지게 되고 그러면 성령님이 충만하게 되는 것입니다.

“만일 하나님이 우리를 위하시면 누가 우리를 대적하리요”(롬 8:31).

우리의 생명을 아버지의 품 안에 감추어 두신 하나님께서 우리를 위하시면 그 누가 대적할 수 있을까요(골 3:3). 죄일까요, 아니면 죄의 생각일까요. 아니면 사망, 생명, 천사들, 권세자들, 현재 일, 장래 일, 높음, 깊음일까요. 그 어떤 피조물이라도 감히 우리들을 사랑하시는 하나님의 사랑에서 우리들을 끊을 수 있을까요?(롬 8:38~39)

과학자들이 발견한 별에 대해 잠깐 언급할까요. 천지를 창조하신 우리 아버지께서 어떤 분이신지 알기를 바랍니다.

밤에 하늘의 별들이 있는데 사람의 눈으로 확인할 수 있는 별들은 몇천 개밖에 안 되지요. 어떤 사람은 1600개라고도 하지요. 우리 지구도 그 중 하나의 별에 불과합니다. 제1은하계에는 별들이 5000억 개가 넘고 제2은하계에도 별들이 5000억 개가 넘지요. 제1, 2은하계만 해도 1조 개의 별들이 있는데 이러한 은하계가 1000억 개가 넘는다지요. 즉, 우주 속에는 500억조 개가 넘는 별들이 있지요. 1초 동안에 지구 7바퀴 반을 도는 빛의 속도로 300억 광년을 가도 우주의 지름을 통과하지 못한다고 하더군요.

혹시 가슴 벅차지 않나요. 온 천지만물을 지으신 하나님이 우리 아버지라는 사실 말이지요. 이젠 우리에게 아무리 그 어떠한 적들이 온다 해도, 그리하여 내가 싸우다 쓰러져 죽는다 해도 겁나지 않겠지요.

날로 교활해져 가고 악해져 가는 세상 풍조에 내 생각이 휩쓸려 떠내려가지 않도록 기도해 주십시오. 저도 여러분을 위해 기도해 드리겠습니다. Amen.

내가 이 땅에 사는 날 동안 어떻게 하면 더 많은 영광을 하나님께 돌릴 수 있을까. 비록 오지에 나가 직접적으로 주의 일은 하지 못한다 해도 살아 있는 동안 어떻게 해야 우리 주 예수님께 감사를 드릴 수 있을까. 오늘도 다시 한 번 이 생각을 해 봅니다. 이리로 올라오라 하실 때까지(계 4:1).

이제 우리는 알지요. 내 생각을 내가 지키려면 영의 생각을 주도적으로 추구해야 한다는 것을. 그러면 어떻게 해야 지속적으로 영의 생각을 추구할 수 있을까요. 비신자들은 먼저 예수님을 구주로 영접해야겠지요. 그 후 신자가 된 다음에는 열심히, 꾸준히 하나님의 말씀을 공부해야 합니다. 하나님의 말씀은 그 자체가 영이시므로(요 6:63), 말씀 연구를 하면 저절로 영의 생각을 하게 되는 것입니다.

"내 아들아 내 말에 주의하며 내가 말하는 것에 네 귀를 기울이라 그것을 네 눈에서 떠나게 하지 말며 네 마음속에 지키라 그것은 얻는 자에게 생명이 되며 그의 온 육체의 건강이 됨이니라 모든 지킬 만한 것 중에 더욱 네 마음을 지키라 생명의 근원이 이에서 남이니라"(잠 4:20~23).

위의 말씀은 우리가 생각과 마음을 지키기 위해서는 하나님의 말씀에 주의하며 귀를 기울여야 한다는 것을 가리키고 있지요(딤전 6:3~5). 이는 생각을 지으신 하나님의 말씀, 곧 생각의 지식을 의미합니다.

왜 많은 하나님의 일꾼들이 말년에 성경 연구를 좀 더 하지 못한 것에 대해 후회를 할까요? 이만큼 성경 연구는 하나님에 대한 많은 신령한 것들을 알려 주기도 하지만 개인적으로는 영의 생각에 빠져 성령 충만한 삶을 살 수 있도록 해 주기 때문이지요. 내 머릿속이, 내 마음이, 내 생각이 온통 성경 말씀으로 가득 차게 되면 어디 죄나 죄의 생각이 감히 공격할 생각이나 할 수 있을까요?

19세기 스코틀랜드에서 사역하신 로버트 맥체인 목사님은 23세에 목사 안수를 받고 7년간 사역하시다가 29세에 주님의 부르심을 받은 분이지요. 그분의 경건한 삶은 오늘날까지 많은 신자들에게 귀감이 되고 있지요. 그분이 설교하러 강대상에 올라가면 회중들이 그의 설교보다는 그의 경건한 태도에 매료되었다고 하지요. 또한 어떤 이들은 그의 기도가 이미 하늘나라에 살고 있는 이의 숨결과도 같다고 하였지요.

맥체인 목사님은 매일 아침 묵상하는 개인 경건시간을 갖고 있었으며, 시편을 낭송하는 소리가 종종 그의 방에서 흘러나왔다고 하지요. 그분은 성경을 점점 더 알고 싶어 하는 욕망이 매우 강해서 신구약 성경 전체를 규칙적으로 연구했다고 전해지지요.

이 세상에서 고난을 당하는 것은 우리 아버지께서 이미 정하신 일입니다(롬 8:17). 그럼에도 만약 인내로써 우리 앞에 당한 경주를 경주하면(히 12:1) 하나님이 자기를 사랑하는 자들을 위하여 예비하신, 눈으로 보지 못하고 귀로도 듣지 못하고 사람의 마음으로도 생각지 못한(고전 2:9) 모든 것을 은사로 주시겠다고 약속하셨습니다(롬 8:32).

하나님 말씀에 대한 연구가 필수라고 해서 단지 연구로만 끝나면 부족할 것입니다. 이제는 연구도 하면서 조용한 시간을 내어 묵상하는 습관을 들여야 하겠지요. 그래야 내 머릿속의 말씀이 아래로 내려와 내 가슴속으로 들어가게 됩니다. 정말 말씀의 묵상은 중요합니다(시 19:14). 저도 어떤 말씀을 집중적으로 묵상하다 보면 어느 때는 생각지도 못한 말씀으로 깨닫게 하시지요. 이것이 바로 말씀에서 말씀으로 자라 가게 되는 과정입니다(벧후 3:18).

에베소서 6장에는 성령님의 검, 곧 하나님의 말씀을 가진 후에 기도와 간구를 하라고 기록되어 있지요(엡 6:17~20). 즉, 말씀을 연구한 뒤에는 기도를 하라는 명령이시지요. 우리가 말씀을 가지고 있으면 그냥 검을 소유한 것에 불과하지만 기도를 하면 이 검을 사용하는 것이 됩니다.

다른 것과 달리 기도에 대해서는 쉬지 말고 기도해야 한다고 하시지요(살전 5:17). 기도는 결국 하나님과 나의 대화 아니겠습니까. 에녹이 그랬듯이, 주님께서 그랬듯이, 위대한 선진들이 그랬듯이 항상 기도해야겠지요. 기도란 하나님께 나의 형편 사정을 아뢰는 것이고(물론 여러 종류의 기도가 있지만), 영이신 아버지를 생각해야 하고, 그러면 자연히 영의 생각 안에 들어가게 되지요. 영의 생각은 곧 성령님의 충만이고 죄의 생각을 죽이는 방법이 되지요.

바울은 처음으로 만난 에베소의 교인들에게 성령 하나님의 충만을 원했고 그 후 다시 에베소 교인들에게 성령님의 충만을 원했습니다(행 19:2, 엡 5:18).

예수님께서 여러 환자들을 다양한 방법으로 치료하셨듯이(막 8:23, 10:52) 악한 생각을 물리치는 방법도 다르게 나타날 수 있다고 생각합니다. 어떤 때는 말씀 묵상으로, 어떤 때는 예수 그리스도의 이름으로, 어떤 때는 단지 '아버지여'라고 부르기만 해도 물리칠 수 있지요. 그때마다 성령님께서 인도하시는 대로 순종하면 됩니다.

이뿐만 아니라 저는 때로 성령님의 불로 그놈들을 싸그리 불태워 죽여 주시기를 구하는 기도도 합니다(계 20:9).

성경에는 여러 가지 처방전이 주어졌지만 과연 나에게 어느 때 어떤 처방이 효과가 있을지는 모르지요. 똑같은 감기에 걸렸다 해도 그 사람의 나이 및 신체조건에 따라 처방전이 달라야 하듯이, 같은 종류의 악한 생각의 공격이라 해도 그 사람의 성격, 주위 환경, 신앙 성숙도 등에 따라 달리 처방될 것입니다. 따라서 성령 하나님께서 인도하시는 대로 순종한다면 그것이 가장 좋은 처방이 될 것으로 생각합니다(롬 8:14).

이는 곧 하나님 말씀도 일반적인 말씀인 로고스(logos)가 있고 나에게 어느 특별한 경우에 역사하시는 특별한 말씀인 레마(rhema)가 있는 것처럼 말이지요. 이 모든 것은 하나님의 은혜에 달려 있지요. 날마다 하나님의 은혜를 사모하시길 바랍니다(고후 6:2).

오늘 아침 눈을 뜨자마자 하나님께서는 믿음의 화합성에 대한 다음과 같은 말씀을 기억나게 해 주셨지요(요 14:26).

"그들과 같이 우리도 복음 전함을 받은 자이나 들은바 그 말씀이 그들에게 유익하지 못한 것은 듣는 자가 믿음과 결부시키지 아니함이라"(히 4:2).

아무리 좋은 처방전이 나에게 주어졌어도 믿음으로 화합하지 않으면 효용이 없을 것입니다. 의사가 감기약을 처방해 주었지만 믿음으로 그 약을 먹는 행함이 없다면 치료의 효과는 기대할 수 없겠지요(약 2:14, 17).

1960년대에 있었던 이야기 하나 할까요. 어떤 할머니께서 의사가 지어 주는 약을 먹고(당시에는 병원에서 약을 지어 줌) 감기가 치료되었다는 이야기가 있지요. 그런데 실지로는 그 약이 약이 아니라 밀가루였다는 점입니다. 할머니를 치료한 것은 그 약이 아니라 의사에 대한 믿음이었다는 이야기이지요. 그만큼 믿음은 매우 중요한 것입니다. 결국 악한 생각의 공격을 죽이는 방법으로서 첫째는 하나님으로부터 처방전을 받는 것이고, 둘째는 그 처방전에 따라 믿음으로 순종하는 것입니다.

19세기 유명한 설교자인 찰스 피니가 로체스터시에서 부흥을 6개월간 일으킬 때 뒤에서 기도로 이 부흥을 도와준 사람이 있었다지요. 그는 병약한 사람으로 아벨 크러리였다고 합니다. 어느 날 하나님께서 그에게 사명을 주셨는데, 너는 일생 동안 피니를 위해 기도하라고 하셨다지요. 이때부터 그는 피니를 위해 목숨을 걸고 기도하기로 약속하였지요. 그는 로체스터시의 부흥을 위해 하루에 14시간을 무릎 꿇고 기도하였는데, 그의 기도를 통하여 10만 명 이상 회심하였다고 전해지지요.

이런 분들의 삶을 악한 생각이 공격은 그만두고 감히 건들기나 할 수 있을까요?

기도란 우리의 신앙생활 중에서 가장 힘든 일이 아닐까 생각합니다. 우리가 말씀 연구와 예배와 찬양 등은 얼마든지 할 수 있지만 기도는 그렇지 못하지요. 그만큼 기도는 사단이 제일 싫어하는 부분이고, 하나님께 제일 순종하기 힘든 부분이지요. 기도는 어찌 보면 우리 신앙의 척도가 아닐까 생각합니다. 이럴수록 우리는 더욱 기도하면서 깨어 있어야 하고 깨어서 기도해야겠지요(눅 21:36, 엡 6:18).

저의 경우 두 종류의 기도를 하지요. 하나는 항상 어디에 가든지 작은 목소리로 '아버지여, 아버지여' 하면서 짧게 기도하는 것이고, 다른 하나는 시간을 내어 집중적으로 기도하는 경우이지요. 후자의 경우는 먼저 기도처를 주시도록 구해야 합니다(행 16:13).

어떤 미국인 성도는 뉴욕의 한 식당의 주방에서 접시를 닦으면서, 비록 시끄러운 상황이지만 조용한 심령으로 기도를 한다고 합니다. 기도는 일단 하면 계속하게 되지만 또 안 하게 되면 정말 다시 하기가 매우 어렵습니다.

맥체인 목사님처럼 경건을 연습하는 것은 어떨까요. 그분의 책을 한번 읽어 보심이 어떠실지. 경건을 익히려는 것 자체가 이미 영의 생각 안에 들어가는 것 아닌가요. 성경에서는 경건에 이르기를 연습하라고 하셨고 경건은 범사에 유익하다고 하셨지요(딤전 4:7~8). 경건에 대해서는 아무리 강조해도 지나침이 없습니다.

내가 내 생각을 지키는 방법은 곧 영의 생각을 하는 것이라고 하였지요. 그것의 첫째는 말씀 연구 및 묵상이고, 다음으로는 기도이지요. 이런 방편들이 곧 성령님의 충만을 이루게 됩니다. 존 오웬은 죄의 생각을 이기는 방법 중 하나가 하나님의 은혜라고 했으며, 조나단 에드워드는 하나님의 은혜를 성령님의 충만으로 표현했지요. 성경에 나오는 육체와 죄의 생각을 죽일 수 있는 유일한 방법은 성령님이고 성령님의 충만입니다(롬 8:13, 갈 5:16~25, 엡 5:18).

하나님께서는 예수님을 깊이 생각하라고 하셨지요(히 3:1). 지금까지 살면서 몇 번이나 예수님을 생각해 보셨나요. 그것도 짧은 생각이 아닌 깊은 생각을 해 보신 적이 있는지요. 주님의 소년 시절, 구원 사역, 십자가의 죽으심, 부활승천, 하늘에서의 중보 기도 사역, 재림 등. 사랑하는 연인에 대해서는 매 순간마다 깊이, 아주 깊이 생각하고 있지 않나요. 예수님을 이렇게 생각할 수 있도록 기도합니다.

내가 성령님의 도우심으로 열심히 내 생각을 지키면서 살아 왔지만 때로는 외부 환경으로 인해 공격당하는 경우도 있지요. 사단은 때로 사건, 사고 등 내 주위 환경을 이용하여 갑작스럽게 내 생각을 급습하는 경우가 있지요. 따라서 나뿐만 아니라 주위 사람들의 생각까지도 하나님께 기도해야 하지요.

아버지여, 오늘도 주위로부터 시험에 들게 마옵시고 다만 악에서 구해 주시옵소서.

종교 개혁자인 마틴 루터가, 어느 날 자기가 키우는 개에게 고기를 주려고 했는데 개가 고기를 뚫어지게 쳐다보고 있었다지요. 이를 바라본 루터는 다음과 같이 말했답니다. "이 개가 고기를 원하는 것처럼 나도 하나님께 단 하나의 마음으로 기도하기를 원한다. 이 개는 단 하나 오직 고기를 먹겠다는 일념 외에는 아무 다른 생각이나 잡념이 없구나."

우리도 이같이 오로지 예수 그리스도에 대한 마음과 생각만을 갖고 산다면 우리들의 생각은 영의 생각이 되어 항상 지켜지게 되겠지요. 하나님께서 우리에게 이런 삶을 주시도록 기도합니다.

"자기가 시험을 받아 고난을 당하셨은즉 시험받는 자들을 능히 도우시느니라"(히 2:18). 우리가 당하는 생각의 고통을 주님께서는 이미 다 알고 계시다는 말씀은 얼마나 위로가 되는지요.

우리 주 예수 그리스도 강림하실 때에 나는 어디에서 무슨 생각을 하면서 보내고 있을까요? 그때가 언제이든 우리의 온 영과 혼과 몸이 흠 없이 보존되도록 해야겠지요(살전 5:23).

욕심이 잉태하면 죄를 낳는다는 말씀이 있지요(약 1:15). 이것은 욕심이라는 육신의 생각이 공격함으로써 내 생각을 빼앗아 가면 드디어는 죄를 짓게 된다는 뜻이지요. 허나 때로는 하나님께서 이 과정에 관여하셔서 죄를 낳지 못하게 하시는 경우도 있지요. 존 오웬에 의하면, 하나님께서 죄의 힘을 제거하시거나 차단하셔서 죄를 생산해 내지 못하게 하신다고 말했습니다.

죄가 아무리 강한 힘이 있다 해도 우리 아버지께서 그 힘을 또한 제거하실 수 있다는 것은 참으로 위로가 되는 말씀이네요(고전 13). 하나님 아버지의 전지전능하신 능력에 대해 다시 한 번 영광을 돌리십시다. 할렐루야!

악한 생각과 싸우느라 지쳐 있을 때 성경 말씀에 나에게 힘이 되는 구절이 있지요. "또 내가 보매 천사가 무저갱의 열쇠와 큰 쇠사슬을 그의 손에 가지고 하늘로부터 내려와서 용을 잡으니 곧 옛 뱀이요 마귀요 사단이라 잡아서 천 년 동안 결박하여 무저갱에 던져넣어 잠그고"(계 20:1~3).

영어 성경에 보면 이 천사는 이름도 주어지지 않은 작은 천사(an angel)이지요. 모든 천사들을 창조하신 하나님, 우리 아버지께서 그 천사에게 아주 간단히, 그것도 아주 짧게 말씀하십니다. 사단을 잡아 가두라고 말입니다. 여기에는 복잡한 싸움도, 전쟁도 필요 없지요. 그냥 잡으면 된다는 말씀이십니다.

이렇듯 하잘것없는 사단인데 지금까지 우리가 속아 왔다니! 생각만 해도 우스꽝스럽지 않습니까? 허허. 이것을 조금만 더 일찍 알았더라면 덜 힘들었겠지요.

유대인의 경전 주석서 『미드라쉬(Midrash)』에 나오는 이야기 하나를 해 볼까요.

어느 날 다윗 왕이 세공인을 불러 다음과 같이 명령을 했다지요. "나를 위한 반지 하나를 만들어 오라. 그것에는 전쟁에서 큰 승리를 거두었을 때 자만하지 않게 하고, 낙심할 때 용기와 희망을 줄 수 있는 글귀를 새겨 넣으라."

이에 세공인은 열심히 반지를 만들었지만, 반지에 새겨 넣을 글귀가 떠오르지 않아 고민하였지요. 그때에 지혜롭기로 소문난 솔로몬 왕자를 만나 도움을 청했는데 이때 솔로몬이 준 글귀가 바로 '이 또한 지나가리라'였다지요.

오늘날 많은 사람들이 이 글을 기억하면서 위로를 받기도 하지요. 우리들의 삶이 아무리 힘들어도 이 또한 지나갈 것이 아닌가요. 용기를 내시길 바랍니다. 힘을 잃지 않길 바랍니다. 그러면 조만간 이 모든 일들이 지나갈 것이기 때문이지요.

우리 인생 여정의 마지막은 어떻게 될까요. 아무리 힘든 여정이라 해도 결국 끝나게 될 것이 아닌가요. 저 개인적으로, 믿음의 결국은 살아 있는 동안 죽음을 맛보지 않고 공중에 재림하시는 주님을 뵈옵는 것이지요. 그날에 주님께서 주의 나타나심을 사모하는 모든 자들을 향하여 어떻게 말씀하실까 하고 생각해 봅니다.

"사랑하는 아들들아, 수고했노라. 이제 너희들에게 예비된 의의 면류관을 받을지어다"(딤후 4:8).

오늘 드디어, 2011년 1월 16일 주일 새벽에 이 글을 일차로 탈고하였지요. 그런데 주일 아침 예배시 목사님의 설교 내용은 '생각'이었지요. 얼마나 놀랐는지 아시는지요. 아마도 하나님께서 뭔가 더 말씀하시길 원하시는 것이 있는가 하고 생각했지요. 아니나 다를까, 몇 가지 더 넣어야 할 것을 가르쳐 주셨지요.

아버지께서는 자상하시게도 때로는 길을 가다가, 때로는 대화 중, 때로는 책을 보는 동안, 때로는 설교 중에 말씀하시지요. "얘야, 이것도 적어 넣어라"(겔 3:1~3).

참 하나 빠진 게 있네요. 그것은 다름 아닌 저의 생각전쟁이지 싶네요. 저는 이 글을 쓰는 동안 적잖이 사단과의 생각전쟁을 치렀습니다. 그동안 내가 어떻게 이 글을 다 쓸 수 있었을까. 아직도 이해가 가지 않지만 결국 하나님의 도우심으로 모든 것을 마치게 되었네요. 어휴!

예수님께서 쉬라 하시니 잠시 한적한 곳에 가서 쉬었다가(막 6:31) 허락하시면 돈과 재물에 대한 하쿠나 마타타를 준비하려고 합니다.

내 생각 내가 지킨다

초판 1쇄일 · 2011년 4월 20일
발행 1쇄일 · 2011년 4월 27일

지은이 최정길, 최평강 글

발행인 전미숙
발행처 도서출판 포도나무

주소 서울시 성북구 정릉2동 435번지
전화 02-764-2446, 010-2834-2446
이메일 misook1002@hotmail.com
신고번호 제307-2011-21호
신고일자 2011년 3월 31일

ISBN 978-89-966315-1-4 03230

※ 잘못된 책은 바꾸어 드립니다.